U0031082

美感臺灣

多元閱讀臺灣之美

林建成／著

藝術家

目 次

第 4 章【信仰・裝飾】 158

第5章【生活‧工藝】 208

序

美感臺灣：臺灣美感的維基百科

張基義／建築人、教育者、美學志工

　　建成兄是臺灣東部極為重要的文化傳道者與守護者，身兼藝術家、記者、學者、公益家、文化人等多重身分，三十多年來在原民文化工作與研究上的執著與堅持令人敬佩。2013年出書《家在太平洋》收錄十年來對原住民部落的觀察隨筆，他有感於臺東醫療缺乏，將書版稅捐贈馬偕臺東分院籌募後山醫療圓夢工程基金，點燃了後山希望的火苗。四年之後2017年《美感臺灣》付梓，更從土地／環境、歷史／家園、食／物、信仰／裝飾、生活／工藝、藝術／社會等六大面向綜整臺灣這一塊土地上的「美感經驗」，資料鉅細靡遺內容生動有趣。本書以最美麗動人的形式，呈現臺灣美感經驗如何在不同的年代、地點、文化向度上，對常民生活產生深遠的影響。

　　另外一位尊敬的前輩漢寶德先生，生前著有《漢寶德談美》一書掀起臺灣對「美」的熱烈討論與關注，他提出推動全民美育、落實公民美學的具體辦法，並點出美可統合多元文化差異的特點。文建會2008年至2011年以四年的時間推動生活美學，加強國人優質美適性價值觀之建立，讓國人認同美學生活

及價值，建立臺灣特有之美學特性。教育部也自2014年起推動「美感教育」，美感教育的課程目標並不是教美學，是讓學生學習到美感的體會，也就是欣賞。美感是整體、綜合的體會，有感性、有理性。從小扎根美感教育的積極價值，以提升社會整體的美適性與文化活力。

民間推動美感教育也行之有年，例如畢業於交大機械系的陳慕天，他從國小教科書著手，召集多位夥伴發起「美感細胞──教科書改造計畫」，他們在不改變課本內容前提下，交給孩子們一本經過設計的全新教科書。「藝起來學學」則鼓勵優秀種子教師帶領學生運用「學學台灣文化色彩網站」，學習藝術家與大自然的色彩及配色，透過生肖彩繪創作，引導學生尋找在地文化色彩與風格特色。

透過《美感臺灣》讓大家重新認識臺灣、珍惜臺灣，進而昇華臺灣，《美感臺灣》是臺灣美感的維基百科。

合歡山〈陳秋如攝〉

第 *1* 章

土地｜環境

土地孕育、滋養生命，
環境的美感生成，
讓我們更能體驗生命的滋味。

第一章

臺灣擁有特殊的自然環境與多元族群文化的豐富底蘊，經過長期的生成與累積，已然發展出獨樹一幟的生態美感經驗。從這個角度重新凝視臺灣土地，是一塊處處充滿蓬勃生機的熱帶島嶼，占全島2/3面積的高山林地才是環境的主角，人們的活動空間僅限在剩餘狹小區域內，此事實促使我們對環境、生態視野與美感經驗的表裡關係有了不同的體認。

（一）「霧林」生態之美／臺灣土地滋養之源

　　16世紀葡萄牙人沿著臺灣海岸航行，望見島上鬱鬱森林，一片青蔥翠綠，禁不住脫口而出「Formosa」。這聲發自內心的「美麗之島」讚嘆，可以想像昔日臺灣的原始環境，綿延不斷的山巒和險峻高山峰峰相連，山腰雲霧裊繞、藹藹氤氳的壯闊景緻，宛若人間仙境。

　　從空中俯瞰臺灣大地，中央山脈由北到南縱貫全島，兩百多座超過3000公尺以上的高山──玉山、雪山、向陽山、南湖大山、合歡山、大霸尖山、奇萊山等山脈──接續開展，連綿成為河川的分水嶺，呈現山巒、縱谷、河谷、斷崖等各種地形地貌。

霧林生態（林宗寶攝）

　　層層疊起的山巒襯托出巍峨高山，雲霧裊裊徘徊於山腰間，青翠林木點綴於山壁，加上溪谷、岩石和潺潺流水，這種「山高谷深」的意象是臺灣山水最普遍的特色。水墨畫家傅狷夫早年崇尚寫生，觀察臺灣山水特色，開闢了新的美感表現空間，作品〈東西橫貫公路一瞥〉即是對臺灣山水的美感詮釋，雖非大山大水視野，但野性中帶著秀麗。

　　高山孕育著萬物，尤其臺灣山林擁有特殊的「霧林」生態。霧林環境約在海拔1500–2500公尺之間，形成的原因是夏季西南氣流和冬季東北季風帶來的水氣被高山攔截，白天陽光照射使水氣上升，午後山區溫度下降，水氣則停滯成雲霧或雨滴，積累於山谷深塹中。這片雲霧帶長年濕潤的環境，苔蘚、地衣及附生植物繁

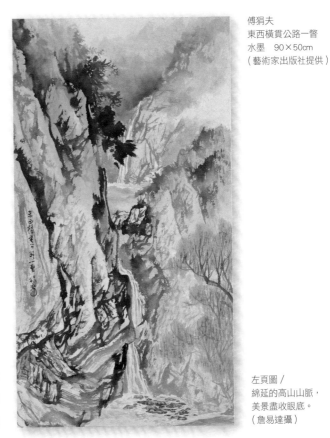

傅狷夫
東西橫貫公路一瞥
水墨　90×50cm
（藝術家出版社提供）

左頁圖／
綿延的高山山脈，
美景盡收眼底。
（詹易達攝）

高山霧林（詹易達攝）

　　盛，本土動物如梅花鹿，植物如紅檜、扁柏等林相，蘊涵了無限的生態資源，使臺灣森林孕育了約三萬六千種豐富多樣的原生物種，其中33%屬於臺灣特有種。

　　親近山林、敬畏萬物是原住民祖先遺留的智慧，應用自然物開發生活器物與工藝，形成善用木石素材打造藝術作品的傳統；接近山林也是自然美感的直接養成，例如水墨畫家觀察山林環境，從山壁與岩石的節理，樹木的種類與生長到節氣的變化。山林之美在其靈氣，尤其臺灣中海拔山區，大塊的雲霧裊繞在半山腰，虛無飄渺的意境襯托出青翠林木與堅毅山壁，更添增山脈的美感。

　　畫家在心中蘊生氣勢磅礴的山水，將視覺印象轉化於畫紙畫布，成為美感知覺的展現。蘇峰男的水墨畫作〈雲湧塔山〉，壯闊山巒在雲霧環抱中昂然屹立；霧林地帶雲氣裊繞，呈現輕盈飄逸的優雅情調，全畫雲水景緻壯闊，筆趣墨韻盎然。

　　學生時期看蘇峰男老師授課，山馬筆皴法繪山壁、鹿狼毫點描林

木、渲染雲水，同學們按稿臨摹，懵懂之間揣摩當中意境，直到接觸山林、感受到山水靈氣，才知自己正藉由筆墨淬鍊，累積描繪臺灣山林之美的經驗。

▌臺灣自然生態與開發

　　早期史前人類在臺灣東海岸生活十分活躍，長濱八仙洞地區留下了老祖宗們漁獵和使用火烹煮食物的痕跡；在長達數千至上萬年的時間長河裡，南島語族的各族群先後登上島嶼，他們無論居住於高山或海濱，恪守與自然環境共存，依歲時更迭秩序、生活作息原則，並且以漁獵維生。

　　明清時期，大陸沿海省分漢人逐漸從臺灣西岸登陸開墾。受限於朝廷的移民禁令，大都是單身渡海打拚，面對土地上居住的平埔族常以聯姻取得居留和耕作機會，俗諺「有唐山公，無唐山媽」正是反映當時的社會現象，也開啟臺灣原漢族群融合的新時期。

　　當年臺灣仍是遍地綠意盎然的環境，成群的梅花鹿奔馳在草原，森林中各種動物繁多。陳秀喜原作、李雙澤譜曲的〈美麗島〉，十分貼切

蘇峰男
1999
雲湧塔山
彩墨、紙
60×180cm
（蘇峰男提供）

地形容臺灣的前世今生，卑南族原住民歌手胡德夫喜歡用豪邁的歌聲高唱：「驕傲的祖先們正視著我們的腳步……他們一再重複地叮嚀，篳路藍縷，以啟山林」，歌頌昔日美好的自然，緬懷祖先的艱辛。

直到1624年荷蘭人登臺，展開以貿易治臺的政策，將臺灣的鹿皮、蔗糖和稻米轉銷南洋、中國大陸和日本等地，尤其是每年向原住民採購高達十五萬張的鹿皮，為因應需求，原住民捨棄了原本「捕獵」同時也注重「自然保育」的平衡關係，過度的捕鹿行為讓臺灣的梅花鹿數目大量銳減。

荷蘭人為了提升臺灣農特產輸出，加強發展農業，採取招募大陸漢人移墾臺灣的政策。除了種植甘蔗、稻米，還引進碗豆（荷蘭豆）、釋迦、番茄等新作物。此外，荷蘭人為提高生產效率，也興修水利、引進黃牛繁殖牛隻等。

日治時期，對臺灣進行了現代化的基礎建設，其中包括了環境衛生的改善，國民教育的推展，以及交通、水利、農業、金融等各方面的基礎建設，為殖民臺灣奠定基礎。日本人覬覦臺灣山林資源甚久，日治時期總督府為開發山地資源，先後頒布「官有林野及樟腦製造業取締規則」與「臺灣林野調查規則」，將「山地」宣告為公有，剝奪了世代使用山林土地及自然資源的原住民族之權利。

接著開放財閥進行大規模伐木、開採礦產，同時不惜闢建森林鐵路、建設港口，將珍貴的林、礦業資源運往日本，對臺灣山林生態影響甚鉅。今日在玉山西峰尚留有一座完全以木料建造的日式神祠，這座神社祭拜天照大神，也為當年日本人為了開發原始林區，開闢跨越山脈的聯絡道路留下了見證。

國民政府遷臺後，以經濟、建設帶動發展。臺灣從

左頁上、中圖 / 荷人在臺收購鹿皮賣給日本，製成盔甲衣物。　左頁下圖 / 梅花鹿皮
上圖 / 玉山西峰日式神社見證森林的浩劫（詹易達攝）　下圖 / 合歡山已成為重要休憩據點（陳秋如攝）

農業轉型成為工業社會，到現今高科技產業發展，土地過度開發，直接犧牲了自然環境，每遇颱風季節大量的風雨致使山崩、土石流，危害人畜安全，造成重大傷害，文明產物垃圾和污染，也成為林木和草地自然環境的負荷。

　　近在咫尺的高山環境，雖然歷經人為開發的威脅，但其險峻美景向來為登山家積極挑戰大自然的目標，且現代社會日益重視休閒活動，登山鍛練體能或賞景的風氣頗盛；數座國家公園或森林遊樂區因應戶外遊憩的快速成長，皆規畫設置了完善的高山導覽解說、宿營等設施，民眾登山賞景絡繹於途，例如合歡山就是夏季最佳的避暑勝地，冬季也成了體驗雪景場所，臺灣高山環境之美名其來有自。

傅狷夫　塔山之晨
水墨　90×47.5cm
（藝術家出版社提供）

▊ 山風與海味

　　高山是地理座標，也是人們心中的聖潔之地。臺灣原住民族祖先的發源傳說很多與高山有關，例如泰雅族的大霸尖山、鄒族的塔山、排灣族的大武山等，這些高山均是族人心目中的聖山，進入山林領域，傳統上都需向祖靈或守護的精靈祭祀報告，遵守不可冒犯的一切禁忌。在山林狩獵也都有相關之規範，事後也抱持尊重萬物的態度進行感恩儀式，例如布農族人獵取動物，在射耳祭儀時特別有祭拜動物的「慰靈祭」等。

　　畫家對高山的景仰，更多來自描摹山水意境的美感，寄情山水以

海岸山脈與海景

求心靈的超脫。傅狷夫的〈塔山之晨〉畫作呈現在山頭奔騰翻湧的寬廣雲海，氣勢萬千；在飄渺的雲海中若隱若現的山峰與樹林添增了山的靈氣，與原住民崇敬山林的意涵，在美感經驗上是有所差異的。

海岸山脈依著太平洋向南北伸展，雖然沒有奇峰峻嶺，但綿長的山勢伴隨著東海岸，每當旭日由海面升起更是氣象萬千，有著另類的山水風情。畫家林永發長期浸淫於山海大地，特別喜歡以水墨描繪這種依山傍海開闊的景緻，作品〈旭日東昇都蘭山〉畫面散發著獨特的山風海味。

都蘭山是海岸山脈的高山，無論從海上或遠處遙望都是極明顯的地標，居住在周邊的各原住民族群均有美麗的傳說。在地阿美族人稱都蘭山為「dugus a du lan」，山上有許多野生動物，包括鹿、山豬等，山下的都蘭灣也有豐富的魚類，是都蘭阿美族人的漁獵場。

卑南族南王部落石生系統視都蘭山為聖山，相傳祖先「阿度魯邵」

與「阿度魯茂」夫妻倆因遭受大洪水襲擊，帶著家族在海上漂流，有一天遠遠看見一座島（即現今都蘭山），心中十分躍雀爭相告知，遂登陸都蘭山區，輾轉遷徙到今日的南王部落生活，因此每年小米收穫後都會朝都蘭山方向祭拜。南王部落曾不滿都蘭阿美族將都蘭山據為己有，兩部落相互爭執，據說最後雙方和談，並在富山地區立碑為誓，從此都蘭山南面的山脈歸卑南族的獵場，也因此南王部落的「大獵祭」會到都蘭山區去訓練。

臺灣光復後，都蘭山產的藍玉髓形成收購風潮，藍玉髓俗稱「臺灣藍寶石」，外觀呈現半透明，有深藍、淺藍或藍中帶黃綠等色澤，其硬度約為7，比重2.58。都蘭山成為熱門採礦區後，長期開採的結果礦源已很稀少。都蘭山因其特殊的歷史背景與地理景觀，孕育出豐富的特有文化，隨著礦源

挖掘的資源耗盡才得以喘息，恢復往日的寧靜，正如同臺灣山林浩劫的縮影。

左頁圖／
林永發
旭日東昇都蘭山
2016　彩墨、紙
135×70cm
（林永發提供）

　　南王部落藝術家見維巴里，2015年於東海岸加路蘭海岸創作一件〈手·創·未來〉裝置藝術，外觀造形是一隻手掌，豎立於東海岸土地上；整體結構填滿了包括漂流木、椰子、竹子、石頭、珊瑚、貝殼、植物及鋼筋水泥等物件，皆是東海岸隨處可見的素材，如同隨手拈來的物件創作出有意義的作品。

　　作品放置在山海大地的環境裡，前臨海岸山脈，可以遙望都蘭山，背後是太平洋；手指造形的尖端上豎立的鳥類、花草植物等，那是我們盼望的理想環境，象徵著追求與自然和平共存。透過掌心的那扇門可以看到海洋，如同打開了心房和視野，接納歷史上往來不斷的船隻與人們；但是人們為開發目的而伸向土地的手，逐漸破壞了原有的和諧生態環境，因此手掌就像是另一種無言的控訴。

　　我們的生活周遭原本是美好的自然環境，如今卻被人類自己所造出來的人造物品所危害。工業生產、3C產品和基因改造物等充斥在生活裡，形成污染和全球暖化等環境問題，我們應該多去思考如何和自然和諧相處、師法自然，人類才有幸福的未來。

見維巴里
手·創·未來

　　臺灣的高山森林長期以來滋養大地、繁衍萬物，傅狷夫、林永發以不同的位置和視野，用水墨畫為我們留下了畫家眼中高山、大地的美感經驗，見維巴里則以原住民擅用的在地素材塑造出自然美感，表達維護傳統山林環境的訴求。而原住民的生態智慧與大自然和諧共存的觀念，也許是我們回歸自然的啟示。守護高山森林和自然景觀，我們才有可能永續經營「福爾摩沙」，留給下一代美好的環境。

（二）與海共生／海洋景觀與文化

　　從陸地面積來看，臺灣土地不大，只占全球陸地的0.025%，倒是環抱的海洋蘊藏著豐富資源。394公里長的島嶼，綿長的海岸線有著礁岩、珊瑚礁、潟湖、紅樹林等多變景觀，美景天成。海洋的立體生態從沿海景觀到海底世界，處處令人驚艷，充滿著威猛的動感與生命力。

　　瀕臨太平洋的花東海岸，地形變化多端，擁有令人激賞的山海意境之美，被稱為黃金海岸。一望無際的海洋景觀壯闊優美，也是畫家美感素材的重要來源，生長於東部的陳品華擅長水彩，她筆下故鄉東海岸層疊的山連接著海、迤邐不絕的沙灘，彷彿能感覺到柔軟和潮水下的豐潤與濕度，當中的礁石，遠近、大小質地有別，生動而自然，其畫作〈山水之約〉和〈石雨傘一景〉即抓住了東海岸的特質與味道。

　　憑藉著周圍寬闊的海洋，臺灣海洋資源豐富，海域具有亞熱帶、熱帶兩種不同的海底景觀與生物種類優勢，而經東部海面的黑潮帶來熱帶的溫暖海水，也帶來豐富的迴游魚類；另外，南部的墾丁及離島的綠島、蘭嶼、澎湖擁有種類繁多的珊瑚礁，適合魚類多樣性的生長，海洋生物種類更高達全球物種的1/10。

　　如此富饒的海洋資源，清末時期僅以簡陋的竹筏及小木船（戎克船）在沿岸捕撈魚類，人與海之間維持生態平衡；雅美（達悟）族人的傳統捕撈方式尚保留著這種形式，以無動力的拼板舟在茫茫大海上作業，人與舟一體，真正能夠體會與海洋共生的感覺；從雅美人的陶偶題材表現，也很容看到這種「人舟合一」的境界。

　　日治時期採積極開發漁業政策，設置定置網漁場、修建漁港，建立臺灣漁業制度，從此海洋資源的開發不曾停歇。戰後

變化多端的東部
海岸地形

陳品華　山水之約　1995　水彩、紙　56×70cm（陳品華提供）

陳品華　石雨傘一景　1996　水彩、紙　38×56cm（陳品華提供）

左、右圖 /
雅美族陶偶表現「人舟合一」的傳統捕撈文化

發展機械船拖網漁業，近海鏢旗魚、捕鰹魚，鰆、鯛流網及延繩漁業興起，遠洋漁業的魷釣船隊、鮪延繩釣漁業等更遠赴世界三大洋區域進行作業。

但是過度的捕撈也使得魚源快速枯竭，昔日北海岸沿海盛產的鯖、鰹、鰆及紅目鰱等為數眾多的魚種，近三十年魚種已從原來的一百二十種減少到三十種左右，雖然海洋保育的觀念興起，但難以在短期內獲得改善，魚源的銳減也迫使各地漁港陸續轉型為觀光漁業。

葉火城油畫作品相當程度紀錄了臺灣從漁村到都會漁港發展的寫照，〈澎湖漁村〉描述停泊在岸邊的大小漁船，凌亂的情形與陸地高矮屋舍相互呼應，右方整齊堆置的石塊與高聳冒著煙的煙囪，顯示出忙碌的村落生活；〈白漁船〉背景則是擁擠的都會漁港，停泊的各式機動漁船，宛若征服海外歸來的船隊，在母港補給歇息的景況，前景兩艘白色漁船像已蓄勢待發，反映臺灣漁業的繁榮與昌盛。

海洋資源遭到嚴重破壞引起大眾警惕，我們由海洋獲取利益卻沒有進一步去理解海洋的內涵。位於太平洋上的蘭嶼，島上雅美族千百年來與海共生的法則提供了良好借鏡，族人認為海洋既是「有生命、有靈魂」的生命體，和人一樣有情緒、情感，長期以來人與海洋環境維持著良好的互動關係，涵養出獨特的海洋性格與文化，讓我們面對海洋更懂得謙卑與珍惜。

右頁上圖 /
葉火城
澎湖漁村　1980
油畫　72.7×90.9cm
（藝術家出版社提供）

右頁下圖 /
葉火城
白漁船　1988
油畫　91×116.8cm
（藝術家出版社提供）

跨頁圖／
傅狷夫
海濤卷
1990　水墨
60×353cm
（藝術家出版
社提供）

下圖／
海濤
（陳闓琦攝）

▋ 壯闊海景與海底景觀

　　沒見過海洋不知海有多深，沒親近海洋也不知海的威力有多大；壯闊的海洋在不同季節與天候海象變幻萬千。平時碧海藍天宛若溫柔的淑女，但當颱風侵襲時帶來一波波狂濤巨浪，拍打岸邊礁岩，「驚濤裂岸，捲起千堆雪」，大自然的威力形成另一種驚駭景觀，兇悍而潑辣，這種刺激的危險之美隱含致命的吸引力，卻仍讓很多人冒險去觀浪。

　　臺灣水墨名家傅狷夫最善於畫海，他將傳統的中國水墨畫技法創

傅狷夫　海濤卷
（局部）

新，運用「裂罅皴」、「點漬法」於臺灣的海岸山水，長卷巨作〈海濤卷〉深具代表性，無論是浪濤洶湧、驚濤拍岸的壯麗之景，或渲染一望無際的風平浪靜，襯托出海洋的靈秀之美，都兼具形式與氣勢。傅狷夫1949年由上海搭船來臺，初見到臺灣海峽「水深於黛，浪起如山」，受到極大的震憾與衝擊，他經常到太平洋濱去觀察洶湧的波瀾，日後製作大山大海作品，實際上早已在心中醞釀。

　　太平洋海域有數千公尺以上深海，加上溫暖的黑潮流經臺灣南部、

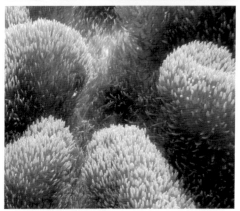

東部北上，帶來大量的浮游魚類，東岸的魚群種類眾多，漁民常可捕獲旗魚、鰹魚及鬼頭刀等；近年來發展海上觀光，可以乘賞鯨船欣賞沿海出奇不意出現的一群群瓶鼻海豚、花紋海豚等在海面跳躍，為臺灣的海洋世界添加動感。將海底世界與陸地環境比較，又是另一種層次的美。透過潛水觀看海底的珊瑚礁、色彩繽紛的熱帶魚與各類海中生物，可讓人體會這種難得奧妙的美感經驗。

潛水讓我們有機會觀賞海底美景和接近海洋的心臟，體會它的情緒與情感，但潛水違反生理的運作，在水底壓力下人的肢體變得不協調，不能以鼻子呼吸，耳朵聽不見其他雜音，嘴巴也不能說話，完全進入近似窒息且真空的狀態；必須要重新學習在海底如何平衡、適應浮力，且隨著下潛的深度逐漸調整水壓，學會控制緩慢而悠長的吐納呼吸，在水裡才能悠游自如。

喜愛墾丁、綠島潛水的畫家魏尚斌描述潛入海中的經驗像是歷經一場重生，感受到能夠自由呼吸是多美好的事，而走過幽微的生命歷程，他自己就如同身旁的魚兒一般，在珊瑚礁岩間穿梭，真正體驗到「魚和珊瑚構成的海底景觀，是宇宙洪荒以來難以形容的美！」

▍與生命連結的海洋文化

雅美族人對海的美感經驗來自生活體驗，與生命深度連結在一起。

蘭嶼作家夏曼‧藍波安以「Wawa」形容廣袤的海洋是「有生命、有靈魂」，和人一樣擁有情緒及脾氣，當海底的情緒好魚就會吃餌，漁夫的心情也跟著好，長期以來人與海洋彼此間維持著良好的共生關係。

雅美族人的概念中，海平面到海底是動態立體的，有不同的面貌，例如平靜無波的大海稱為「Awa」、起風浪叫做「Mobza」，這時候不能出海，颱風時狂風巨浪稱為「Pawong」。他們認為浪潮使海洋充滿著流動和變化，海面上捕飛魚的拼板舟在海上增加了許多不確定性，需要有經驗的人帶領才能克服連續不斷地浪潮撈捕魚獲，進而平安返回陸地，造就族人對祖先留下的生活經驗與智慧的尊重，代代相傳，形成雅美族

左頁上、中圖 /
臺灣海域擁有繽紛多元的
海底景觀（陳秋如攝）

左頁下圖 /
海底潛水（魏尚斌攝）

拼板舟是雅美人捕
魚重要工具

拼板舟是雅美人
捕魚重要工具

人的海洋性格。

蘭嶼島海域是黑潮流經臺灣外海的重要路徑，每年3月起是雅美族的飛魚汛期，一波波的海浪帶來維繫族人生活的飛魚，也帶來飛魚文化；飛魚先在小蘭嶼海域停留，每戶族人都要準備捕飛魚，先到海邊去呼喚飛魚，此時族人會舉辦「招魚祭」儀式，用特別的儀式禱詞祈求飛魚豐收。4月起有漁團使用魚網捕飛魚，5月下旬個人利用自己的漁具進行捕撈，再將捕獲的飛魚曬乾，10月後以此為食物。過去在住屋前曬飛魚是蘭嶼特殊的風景，也是雅美族人財富的象徵。

雅美族人也以族群倫理及在地的文化規範，為魚類進行區分。傳統上族人將魚分為「男人魚」、「女人魚」，一般好吃的魚，如腥味較淡或外觀美麗等魚種皆分給婦女，其餘則留給男人或老人。

飛魚被認為是上天賜給雅美人的佳肴，食用時需遵守嚴格的禁忌，例如煮飛魚用的鍋盤必須專用，避免污染了神聖的飛魚。飛魚也成為時

下蘭嶼的在地意象，成為藝術創作與文化產業製作的靈感，開發出各式的手工藝品及燈飾、紀念T恤等。

（三）天邊海角／島嶼風情與美感

「這綠島像一隻船，在月夜裡搖呀搖⋯⋯」聽到這首〈綠島小夜曲〉，腦子裡浮現了夜光下美麗的海島上椰影婆娑、小船盪漾，令人思念起遠方的女孩，畫面中小島、月光加上小船等元素，構成一幅迷人的島嶼意象，充滿著恬靜浪漫的南國情調。

島嶼臺灣面積小卻五臟俱全，包含各種地理景觀，除了本島外，尚有被海洋環抱的十四個附屬島嶼，包括東邊的龜山島，西邊的澎湖、西南邊的小琉球及延伸至南海的東沙、南沙群島，東南方有綠島、蘭嶼，西北方則有金門、馬祖島等。各島嶼因為地形、洋流經過或自然資源差

島嶼景觀
（張至善攝）

異，形成了不同的風景樣貌，像玄武岩、海底珊瑚礁群等自然景觀；而地理象徵、歷史因素也塑造出心靈意象的人文景觀。

位於太平洋上的龜山島是臺灣東部除了綠島、蘭嶼外較大的島嶼。孤懸在宜蘭東方外海約10公里的龜山島，是宜蘭人心靈故鄉的象徵，每當穿過雪山隧道映入眼簾的是寬闊的大海，龜山島就像一隻大龜默默地守護著家鄉，讓蘭陽遊子心中湧起「回家」的感動，也成為詩人墨客喜愛吟詠的地理座標、畫家青睞的美景對象。

1949年到臺灣的王攀元，一生經歷坎坷，曾在碼頭當搬運工，後輾轉到羅東中學教書。他的繪畫具有強烈的現代感，水彩作品〈龜山島〉，深藍色廣闊的大海占去大部分畫面，島嶼遠在海的一方，極簡的畫面呈現個人表現風格的構圖，用簡單而憂鬱的色彩投射出內心隱喻的情境。王攀元以他獨特的「苦澀的美感經驗」寄情於繪畫，如同他的境遇。在

由東海岸遠
眺龜山島

王攀元作品〈龜山島〉，深藍色廣闊的大海，占去大部分畫面，島嶼遠在海的一方……（私人收藏）

宜蘭落腳超過五十年，畫家以色彩、構圖表達了內心意境，早已將他鄉化為故鄉，〈龜山島〉正是化身為「心靈故鄉」的寫照。

　　頭城人稱龜山島為「龜島」或「龜嶼」，是太平洋上的一座火山島，東西寬3.1公里，南北長1.6公里，面積2.841平方公里。觀賞龜山島，從頭城到壯圍一帶海岸線隨著地形變化呈現不同風貌，昔日名列蘭陽八景之首的「龜山朝日」，常令攝影愛好者爭相獵取美景，其日出方位因季節而產生變化：冬季是在島嶼龜尾破曉而出，被戲稱為「龜生蛋」；夏季則從龜山島的龜首現身，耀眼的旭日和剎那間灑落在海面上的一片金黃陽光，美麗的光芒總讓人興起無限的希望和好心情。

　　島嶼從先天具備的自然景觀條件到人為開發，改變了它的樣貌和命運。在一般人眼裡，它遺世獨立且海洋資源豐富，這也是近代各國爭搶周邊大小島礁，拓展經濟海域的主因；在美感世界裡，它則帶給我們不同的視野與藝術創造的泉源，如同歌曲〈綠島小夜曲〉與繪畫作品〈龜山島〉。

▎島嶼與族群文化

　　分布於臺灣東南和西南方的綠島、小琉球屬島，曾經是西拉雅族、雅美族、阿美族生活的島嶼，從史前時期迄今經歷族群衝突與遷徙，每個時期也留下雪泥鴻爪的記憶。

　　小琉球又稱琉球嶼，文獻上記載島民（現今的西拉雅族）約千餘人，兇悍異常被稱為「烏鬼蕃」；1637年荷蘭人為報復金獅子號（Gouden Leeuw）船隻擱淺，水手遭島上住民殺害，圍剿殺害三百多人，並俘虜了七百多位男女送往安平做為勞、僕役，後人稱為拉美島（Lamey）事件，島上的原住民族群因而消失。

　　小琉球是珊瑚礁島，面積僅6.8平方公里，海岸線長約12公里。小琉球晚霞風景早期就列入南臺灣八景之一，由於臺灣本島的阻隔，冬季不受東北季風影響，適合四季旅遊，目前島上全力發展觀光，北部區域多珊瑚礁地形、斷崖、銀合歡景觀，南部景觀則以礫石、沙灘、瓊麻為主。

　　綠島因位居太平洋與臺灣本島之間，史前時代即為南島語族遷徙途徑的中繼點，從遺址上所發現的大量石斧、石刀、石網墜、陶片、貝刮器、貝製飾物等，得知約在兩千年前的新石器時代末期已有人類在柚仔湖、楠仔湖、公館一帶活動了。綠島一直是臺灣原住民口傳中的遷徙橋樑，阿美族稱為Sanasay，傳說祖先曾居住過這裡；卑南族口傳中也提到，綠島曾有大榕樹與臺灣本島相連，祖先常走過榕樹根到島上狩獵。

　　蘭嶼與綠島相隔僅40海浬，雅美族人稱綠島為Jitanasey，據傳也曾是雅美族先祖的居住地，而從綠島南寮漁港遺址和蘭嶼Lobusbussan遺址出土的陶片紋飾極為相似，是否即為雅美族之祖先尚待進一步考證；不過綠島鄉民口傳，漢人移入時曾與綠島之原住民族群發生劇烈衝突，有

林永發
睡美人與哈巴狗
2009 彩墨、紙
35×250cm
（林永發提供）

的餓死於洞內，其餘的原住民則逃離綠島。它就像散落海上的珍珠，屬於「與世隔絕」之美的景觀小島，擁有天然資源，溫暖的黑潮由赤道北上，環經綠島四周，為海洋生物孕育無限的生機，也帶來了世界級五彩繽紛的海底景觀。

舊名火燒島（亦稱雞心嶼或青仔嶼）的綠島，為臺灣第四大附屬島，1813年（嘉慶十八年）小琉球漢人漁民遇風漂流至火燒島上進行開墾，並招攬故鄉民眾在中寮灣岸建立「中寮」聚落。由於它四面環海、遺世獨立的地理位置，日治時期日本人就在島上設置「火燒島浮浪人收容所」，監禁黑道分子；1950年代改為監獄囚禁政治犯等，後來轉型為重刑犯和幫派分子的收容所。

雖然有監禁犯人的歷史，仍無法掩蓋綠島的天然景觀之美，例如海參坪、睡美人、將軍岩等礁岩均是著名景點，林永發作品〈睡美人與哈巴狗〉即描繪了綠島的天然礁岩美景。而學者張崑雄曾調查綠島珊瑚景觀，最豐富的地區屬南寮灣海域，珊瑚約有一五四種，珊瑚礁魚類有一七六種，密集覆蓋海床上的珊瑚礁丘，景緻壯觀為臺灣其他海域少見。這些獨特珊瑚景觀在海中構成美麗的圖畫，讓人不禁讚嘆；置身綠島海中，還可和大量色彩鮮豔的熱帶魚，像是小丑魚、鸚哥魚、蝶魚等一起優游海底世界，堪稱是全球海底觀光地區中最為優越的一處景點。

東沙群島海岸
沙質潔白細柔

█ 天邊海角的美感資源

　　天邊海角自然生成景觀吸引人，遺世獨立的島嶼也各有不同資源條件，例如潔淨的海沙、砧硈石（珊瑚礁）皆可成為美感應用元素，在人為的經營下舖陳出不同的文化風貌。

　　位在南海上的東沙群島是國土南端，全島綿長的沙岸以珊瑚沙、貝殼沙為主，沙質潔白細柔，是著名的景觀；從文獻記載得知早於明代即有人登島開發經營，1995年的東沙遺址考古發現當地有炊食及用火、木炭的遺跡，也發現古水井及陶片等。

　　民國政府治理後曾派部隊及海巡隊員駐守，1948年駐軍發現一艘獨木舟載著關公像漂泊上岸，於是在1966年興建「東沙大王廟」，雖然面積不大卻是常年明燈、香火不斷，成為島上官兵的信仰及心靈寄託所在。這座特殊的「軍方廟宇」為水泥瓦房，建築於島上少見的大樹旁，外觀漆上紅白色，門面圓柱上雕刻了獨特的對聯「一片忠心貫日月、滿腔義氣薄雲天」，頗能反映駐防部隊的屬性，前庭設置一對造形樸拙的龍柱及咧嘴大笑的可愛石獅，儘管非出自名家之手，難能可貴的是由官兵們自行動手製作，延續東沙文化傳承。

　　早期戍守的官兵也利用當地的特產貝殼沙，研發出獨到的「沙畫」，經過篩沙分類處理，再行染色，然後在黑絨布板上構圖、上膠，即成為極具特色的沙畫。東沙的沙畫

曾是戍守海疆官兵們平日重要的休閒活動，表現題材多為民間故事或電影畫報人物等，結合了廟宇信仰，某種程度上也反映出當時社會的流行文化，確實為海角天涯添上一筆繽紛的文化色彩。

　　位於臺灣海峽的澎湖群島，南北長約60餘公里、東西寬約40公里，群島由九十個大小不同的島礁組成，馬公、西嶼、白沙、七美及望安等是面積較大的島嶼。此外，望安鄉東吉嶼像是被遺忘的地方，僅十餘人在島上生活，早年因位處臺澎海運中繼點，熱鬧非凡，如今卻繁華落盡、人煙稀少，遍地樹叢雜草，居民在此地放養羊隻，很有天涯海角之感。

　　澎湖最具代表性的地質景觀為玄武岩地形，在板塊運動中，熔岩流

左頁圖由上至下／
1. 東沙大王廟
2. 沙畫製作過程
　——濾沙
3. 製作沙畫是早期戍守東沙群島官兵們的休閒娛樂
4. 題材多元的沙畫作品

澎湖玄武岩景觀（陽瑞慶攝）

澎湖白淨美麗的沙灘景觀（陽瑞慶攝）

澎湖天后宮
（陽瑞慶攝）

入海水與空氣接觸下逐漸冷卻凝固，形成多邊型的柱狀節理和板狀節理等玄武岩特殊地形，這項自然奇景以巍峨高聳的桶盤嶼石柱群景觀最吸引人，雞善嶼、錠鉤嶼和小白沙嶼等三座島嶼玄武岩景觀，則已列為玄武岩自然保留區。

　　澎湖遍布的細緻海沙，白淨美麗。而強勁的東北季風在西嶼、小門嶼和多處面向北方的岩壁，形成隨處可見岩石剝落的洋蔥狀風化地形；並因風的搬運作用，在背風側坡地形成多處沙丘地形，例如白公嶼舊名「大白沙嶼」，即是由白沙堆積成的無人島嶼，置身其中好像海中沙漠般奇妙。

　　澎湖群島也是漢人遷徙來臺的中繼站。從出土文物年代鑑定，早在四、五千年前便有人類活動的遺跡；尤以明末大陸東南沿海的漢人大量遷徙到澎湖，帶來了豐富的漢族人文景觀，天后宮即是全臺歷史最悠久的媽祖廟之一。此外，居民應用當地砧硓石等天然建材，建築閩南風格的合院和聚落格局型態，例如西嶼二崁聚落、望安中社和湖西沙港古厝群及圍籬，流露出古早風情和獨特韻味。

　　澎湖居民早年的捕魚方式，是在海岸邊以人工置砌成圓弧形堤岸，

右頁左上圖 /
以砧硓石砌築
的澎湖老厝
（陽瑞慶攝）

右頁右上圖 /
葉火城
天后宮古貌
1987　油畫
60.6×72.7cm
（藝術家出版社
提供）

右頁右下圖 /
七美島雙心石滬
（陽瑞慶攝）

稱為「石滬」，經常得動用大批居民一起施工，花費數年時間才完成，
因為不用膠黏劑媒介，每年必須整修；雖是人為工法，但與自然環境巧
妙結合，形成海岸景觀的一大特色，尤其是七美的雙心石滬，愛心造形
被喻為永恆愛戀的象徵，也是現代年輕人追逐的浪漫景點。

（四）大自然雕鑿的綺麗世界／板塊運動下的山河

　　臺灣地理位置很特殊，位於世界最大的陸塊——歐亞大陸與最大的海洋——太平洋的交界點上，從地層來看是歐亞大陸與菲律賓板塊交接地帶。大約四百萬年前，菲律賓板塊在花東縱谷一帶撞上了亞洲陸地，強烈的擠壓形成褶皺及斷層現象，為臺灣土地塑造了多樣性。地盤斷續的隆起及頻繁的地震引發劇烈的侵蝕，加上火山噴發等現象，在各地不同的地層分布區域，形成高山、河川等地形景觀，為臺灣雕鑿出一個獨特的地理環境：雖位於亞熱帶，高海拔山脈卻能同時擁有寒、溫及熱帶植物垂直分布，冬季山峰甚至出現雪景；河川短且湍急，遇颱風河水暴漲成災，逢枯水期河床又易乾旱，如此不利條件卻也能切割出廣闊的臺地或沖積成田野平疇，孕育土地上的人群。

　　中央山脈是臺灣地表向上隆起最突出的表徵，南北長約350公里，像一條脊樑般將島嶼分成東西兩側，高聳的山嶺向西緩降為山坡地，並拓展為濱海平原；東面則與海岸山脈並列，與太平洋為鄰。因中央山脈的特殊地理分布位置，促成近代臺灣開發的分界線。

中央山脈最高峰玉山山勢（詹易達攝）

臺灣3000公尺以上的高山超過兩百座，最高峰為玉山，主峰海拔3952公尺，亦為東北亞最高峰，登玉山途中還可清楚看到因板塊受擠壓而變形的大斜坡，表面布滿起伏的沉積構造，足見造物者的鬼斧神工。

玉山景緻怡人
（吳彥呈攝）

玉山的山形峻峭，氣勢軒昂，更是臺灣人心目中的聖山。許多畫家喜愛以玉山為題材，分別以油畫、膠彩、水墨媒材進行描繪，無論是登山遙望或賞景，如陳澄波〈玉山積雪〉、馬白水〈玉山寫生〉、許深州〈玉山北峰〉、呂基正〈玉山在望〉、楊三郎〈玉山日出〉等。玉山景緻優美、四季分明，春秋兩季花朵盛開，夏季雲海裊繞，尤其冬季白雪覆蓋，是熱帶地區只有在高山地帶才得以欣賞的山脈雪景；劉啟祥〈玉山雪景〉、馬白水〈玉山積雪〉即是描寫冬天積雪的壯麗景色。

許深州　玉山北峰
1970　礦物彩、紙
63×79cm
（藝術家出版社提供）

十九條主要河川分布於臺灣各區域，河水由東西方向分流入海，包括淡水河、大安溪、大甲溪、濁水溪、曾文溪、高屏溪及東部的秀姑巒溪、卑南溪等重要河流；臺灣河川雖受地形及季節影響大，但沿岸風光明媚、水流緩急層次變化明顯，經常是美感創作的泉源。

北部的淡水河昔日舟帆雲集，沿岸景緻優美，素為文人雅士喜愛歌頌的景點；音樂家經常以淡水河為題進行歌謠創作，松原靜韻〈河邊春夢〉、洪一峰〈淡水暮色〉、張雨生〈淡水河〉等，充滿浪漫抒情或吟詠的心境。

東部的原始溪流充滿生命力，現代舞蹈家林懷民從立霧溪的流淌溪水汲取靈感，創作了〈白水〉舞碼，舞臺背景投射著山澗溪水的數位影像，時而平緩舒坦，時而激流濺起千堆雪；在鋼琴樂音的襯托下以單人舞者流轉的肢體語言，表現出潺潺水流、水紋漣漪的輕快明亮；雙人和群體舞者利用層疊翻轉、舞動跳躍，表達成千上萬水滴的洶湧湍急。

繪畫創作上，畫家喜愛淡水河景，除了觀音山遠景、淡水河舟船景點外，各時期開發留下的中西式豐富建築，例如馬偕醫館、教堂及老厝，錯落在丘壑間形成極有層次的畫面。從日治到戰後，不斷有以淡水河為題的畫作出現，陳植棋曾以油畫繪製〈淡水教堂〉、〈淡水風景〉等，以簡約而粗獷的筆觸、強烈色彩，描寫觀音山嶙峋的山影和平靜的

左頁上圖／
楊三郎　玉山日出
1984　油彩、畫布
60×72cm（藝術家出版社提供）

左頁下圖／
劉啟祥　玉山雪景
1969　油彩、畫布
50×61cm（藝術家出版社提供）

以立霧溪溪水為創作靈感的舞碼〈白水〉（李蕙君攝）

廖繼春　觀音山
1956　油彩、木板
36.5×45.5cm
（藝術家出版社提供）

郭柏川
淡水河風景（二）
1949　油彩、宣紙
33×41cm
（藝術家出版社提供）

淡水河上帆影，同時陪襯山腰下紅磚瓦的農宅。

　　廖繼春的〈觀音山〉以色彩傳達淡水風光的美感意象，秀麗的觀音
山與淡水河水流湯湯，帶著淺白、粉紅色調的美景，對比在近景高低丘

何肇衢
淡水觀音山　2012
油彩、畫布
116.5×97cm
（藝術家出版社提供）

陵地上，朱紅、藍、綠等強烈富色彩變化的奇特建築、樹木構圖，呈現觀音山及淡水河之美。

　　淡水景色適合入畫要件，是臺灣畫家鍾愛的景點，眾多畫家都有畫過淡水的經驗。如：郭柏川〈淡水河風景（二）〉、陳慧坤〈淡水街頭〉、洪瑞麟〈淡水港口〉、席德進〈淡水船〉、何肇衢〈淡水觀音山〉等留下了淡水河多樣的風情。陳德旺、廖德政對淡水河沿岸的觀音山也極為著迷，畫了許多觀音山風景，觀察捕捉山河的遼闊，草地、樹影的變化與更多的心靈意象。

▍板塊交界中的獨特美感

　　臨太平洋的海岸山脈，南北長約140公里，東西寬約10公里，與中央山脈間隔著一條縱谷，稱之花東縱谷；源自中央山脈的河流，例如秀姑巒溪、卑南大溪等，流經縱谷區域形成眾多的河谷谷地、沖積扇、河階地、礫石層等地質現象；其地理位置位於亞熱帶區域，自然美感的生成比起中北部更多一番綺麗，成為畫家寫生取景的最佳據點。

　　花東縱谷大致可分為花蓮、光復、玉里、池上、臺東等幾個斷層區段，每一個斷層區段自成特性，但斷層之間也會彼此相互牽引，在整個縱谷斷層中可明顯看出地層持續移動的現象，當中又以池上斷層區段最為明顯。

　　臺灣和法國學者曾在池上大坡、錦園村觀察到活斷層地表受擠壓而隆起，邊坡護牆及溝渠緩慢破裂的情形，新開園地區也發現地層潛移造成屋舍傾斜、門檻扭曲等現象；中研院等單位在大坡國小校園內設置觀測儀器，長期觀測活斷層並發表地殼變形研究成果，認為池上斷層的潛移速度遠比美國聖安德列斯大斷層快，成為地質學界研究斷層潛移觀察的重要據點。

　　大坡國小操場溜滑梯邊坡上的擋土牆就是池上斷層的露頭，乍看之下並沒有特殊之處，只是旁邊立著「池上斷層」字樣，仔細觀看溜滑

位於花東縱谷的秀姑巒溪

梯才發現奧祕，原來滑梯上頭與邊坡排水溝等設施有明顯的隆起，一旁設置的正是「地殼潛移變形觀測儀」，做為監測記錄斷層移動的主要證據，因而大坡國小也成為觀測地層滑動最佳的大自然教室。

地層位移現象就在我們眼前發生，在許多地質學家的眼裡，池上斷層就是臺灣地層的寶貝，我們也在變動的環境中學會與大自然相處的法則，同時懂得欣賞它的獨特；而「惡地」的地形也是難得見到的地質景觀，荒涼崎嶇的地貌宛如超現實的景緻，值得仔細玩味。

▌山脈肌理變化的超現實美感

板塊運動為臺灣山脈土地帶來了多變的樣貌，山脈姿態變化萬千，無論是雄偉的量感與蒼鬱林木構成的厚實土地，或者惡地形無數大小蝕溝錯綜線條構成的滄桑美感，登高望遠，遼闊的視野下容易體會出大自然生生不息的力量。

造山運動的擠壓力讓臺灣一直處在地層動盪的環境裡，小區域地層活動未曾中斷，使得地形地貌變化多樣。高雄田寮是適合觀測的地區，田寮惡地一般稱為「月世界」，為受到板塊活動影響，岩泥層抬升，形成的丘陵經過風化或雨水侵蝕，產生淺溝、噴泥口、Ｖ形谷等特殊的小地形，即所謂惡地現象。其外觀表層礫石或土壤崩落，造成草木無法生

田寮「月世界」
散發滄桑美感
（陳秋如攝）

許深州
月世界眺望
1974
礦物彩、胡粉、
灑金、麻紙
40.9×53cm
（藝術家出版社
提供）

存的荒涼崎嶇地形，無數大小蝕溝所呈現的錯綜線條景觀，如同老天爺的刻意雕鑿，倒也使土地散發出一種歷經滄桑的美感。畫家許深州的〈月世界〉、〈月世界眺望〉即描繪出該種景觀。

田寮月世界將當地各種特殊的地景，給予石母乳、一線天、寧靜海、太陽谷等命名，另外也有富詩情畫意的「嫦娥奔月絲路」、「天梯」等想像力豐富的名稱，充滿化外之境的意趣。

利吉惡地為另一處板塊碰撞時泥岩隆起堆積的惡地地形，也是自然地質戶外教室，分布北起花蓮縣玉里樂合，往南到臺東縣卑南鄉海岸山脈末端的臺東大橋附近利吉村為止，呈狹長的帶狀。該地形因泥質岩特性，土壤易受到雨水侵蝕而流失，外觀逐漸成為侵蝕切割的紋理，加上地表難

利吉惡地山頭寸草
難生

陳品華　臺東大橋
1994　水彩、紙
38×56cm
（陳品華提供）

以種植農作物，景觀一片荒涼，顯露出一股超現實的美感。

　　欣賞利吉惡地，從不同角度有不同的觀感，由臺東大橋往利吉眺
望，長期經雨水沖蝕而形成的灰色調尖銳山脊，看起來很像是月球表面
的「月世界」；但由臺東山里往海岸山脈望去，山脈的泥岩露出較沒有
大片面積，反而有較多的植被覆蓋，經過這裡若遇上陰雨天候，大塊的
雲霧裊繞在半山腰，頗具浪漫美感。

　　陳品華帶著濃厚故鄉情感描繪的〈臺東大橋〉，描寫的正是利吉惡
地。從臺東大橋望去，在寬闊河床的襯托下，利吉惡地呈現峭銳、厚實
的山脊肌理質感，山頭上舖蓋的綠草，豐富變化了惡地的整體色調，那
是山的生命力展現。

（五）湖光山色／高山湖泊的旖旎景緻

　　高山湖泊夾在群山之間，是臺灣山林中動植物依賴的生命泉源，亦是原住民山林狩獵重要的水源。不論是開闊的湖泊或是小巧婉約的池水，天晴時它就像鏡子般照映出青天白雲和翠綠山影，陰雨綿綿的天候另有神祕的感覺；在高海拔山區反映出它乾淨而脫俗的樣貌，如山林間一顆顆水汪汪的藍寶石。

　　雪山東峰的翠池是臺灣最高湖泊，海拔3520公尺。翠池附近山勢崢嶸雄偉，湖水隨著四季變化美麗如畫；雪山山脈崇山峻嶺中另有一處松蘿湖，湖面平時籠罩薄紗般的雲霧，如夢似幻、飄緲迷濛有若仙境，始終無法讓人看清全貌，許多人稱它為「夢幻湖」。

　　「七彩湖」地處中央山脈中段主脊東側，位於花蓮縣萬榮鄉，海拔約2870公尺，湖水面積約2公頃，在陽光照射下呈現七彩色澤，有一股清新的美感；中央山脈南段位於南橫區域的高山湖泊天池，則是高雄與臺東分界嶺邊，池水綠意盎然終年不涸，頗具特色。

湛藍清澈的嘉明湖，被譽為「天使的眼淚」（林宗寶攝）

位於臺東縣海端鄉的嘉明湖，標高3310公尺，從向陽山登上三叉山，穿越臺灣鐵杉林、冷杉林、高山深谷、斷崖崩壁、箭竹草原等高山生態環境；沿途山巒裡飄渺的雲海將天空分為藍、白兩個界線，十分潔淨美觀；隨處可見長年受高山強風吹襲，造形蒼勁奇特的高山樹木，令人流連忘返。該湖周圍綠草如茵，中

高山湖泊
（林宗寶攝）

央山坳處凹陷的湖面襯托出湛藍色的湖水，由湖畔眺望，清晰的晴空與山景倒映在澄淨湖面上，顯得無比的寧靜與祥和。

　　嘉明湖外形像蛋，又被稱為「蛋湖」，其形成原因為冰河時期遺留的冰斗湖，雖然沒有河流直接注入，但清澈無污染，被譽為「天使的眼淚」或「上帝遺落的藍寶石」，為登山客最愛到訪的高山湖泊之一。惟該山林為布農族原住民傳統領域，布農族對此湖也有屬於自己的名字「Cidanumas buan」，意為「月亮的鏡子」，族人依觀察月亮圓缺進行農耕祭儀，月亮是天地運行的重要指標，在土地上留著鏡子與它相互照應。族人的形容除了富有詩意內涵，也連結著傳統文化與土地關係的思惟。

　　嘉明湖區域曾是布農族人獵場，當地步道也是遷徙的重要路徑，近年來鄰近的海端、延平鄉布農族學校，例如霧鹿、永安國小為了傳承祖先克服自然、延續生命的艱辛，皆以登上嘉明湖地標做為學童的畢業考驗，實地體認先人留下來的寶貴經驗，將傳統文化傳承下去。

　　高山湖泊生態顯示出大自然造物之妙，從這塊土地孕育出來的原住民，則對生長環境有濃厚而真摯的情感，無論是祖先留下來的生活智慧或賦予美麗動人的傳說，都為它寫下了特殊的美感經驗與族群文化。無論是「天使的眼淚」或「月亮的鏡子」，不同的族群親近高山湖泊，所描述的視覺意象與感受不盡相同，反映出文化與美感經驗內涵有別，不過對嘉明湖浪漫與唯美的形容本質上差異不大。

▎鬼湖傳說與巴冷公主

魯凱族有一首〈小鬼湖之戀〉傳統歌謠，娓娓述說著一段淒美的愛情故事，每當由柔美的女聲唱起，總是感人肺腑：「親愛的親友和族人啊，我就要嫁給湖神了，請不要難過，我會想念你們的。你們看到我繞湖三圈就消失，表示已經走進蛇郎君的家了，我會祝福你們啊！請常來看我。湖畔熱騰騰的食物，是我為你們準備的，請好好享用吧。」

歌謠描述古時候大鬼湖（Dalupalringi）有一位叫做Adridringane的湖神，愛戀Dadele社頭目的女兒巴冷（Balenge），他前來求婚並夜宿少女家中，半夜裡父母點起柴火，卻發現是一條巨大的百步蛇伴著女兒。

湖神後來送來古甕、琉璃串珠等聘禮，當父母和家人的迎親隊伍將她護送到湖畔，新娘表示，以後族人經過湖邊時要穿著白色衣裳，不要配戴彩色琉璃珠、頭飾或穿黑色的衣服，以示虔敬，然後沉入湖水中。

巴冷公主與蛇郎君的傳說地點大鬼湖，位於高雄茂林鄉、屏東霧臺鄉與臺東延平鄉交界處，海拔2150公尺。常年雲霧迷濛具神祕美感，是魯凱族人聖地，有著許多禁忌，禁止狩獵也不可以驚擾土地生物，保留著

東魯凱族巴冷公主歌舞表演

原始樣貌；鄰近的小鬼湖（巴油池）海拔2040公尺，為屏東縣霧臺鄉、臺東縣卑南鄉交界處，也是魯凱族人傳說的祖先發源地。

近年來鬼湖傳說多半以巴冷公主的愛情故事為主軸，出現在各種文藝創作上，包括文學、歌舞及遊戲軟體；學校原住民舞團也常用來做為創作題材，進行編舞演出或藝術作品；舞團「原舞者」也曾改編巴冷傳說為歌舞劇，並於2010年在臺北國際花卉博覽會美術園區的舞蝶館演出，巴冷公主傳說因此成為外界認識魯凱族的重要媒介。

魯凱族的大、小鬼湖傳統，涵養出獨特的文化內涵，族人迄今仍景仰其神聖性。現代社會則以族群文化的美感經驗，從事相關藝術表現與文創研發，各種媒材形塑的巴冷傳說各異其趣，傳統文化題材應用現代媒材表達，也為我們寫下了可供比對思考的趣味性美感。

▍藝術與日月潭美景對話

南投縣日月潭是臺灣最美的高山湖泊之一，日月潭是以lalu島（珠仔嶼）為界，東西兩側因形似日月而得名，就像是一顆耀眼的寶石隨著季

邵族「白鹿傳奇」
舞劇表演

節交替、晨昏流轉，每天變化湖光山色，百年來享有臺灣八景的美譽。

　　日月潭海拔高度748.48公尺，氣候及環境舒適怡人，傳說中邵族祖先在山中打獵時發現了大白鹿，一路追逐到日月潭邊，被眼前一片湖光山色美景所震驚，白鹿隨即跳進湖中，當晚族中長老夢見大白鹿化身白衣仙女，指示族人該地漁獵與物產富饒，於是族人便將部落遷居於此。

　　清朝時期，邵族擁有今日之魚池、貓囒、水社、石印、芽埔和頭杜等六大社聚落，祖靈信仰為傳統觀念，家屋內懸掛祖靈籃，最大祭儀為祖靈祭（Lusán），並有播種祭、狩獵祭、收穫祭等歲時祭儀。清末漢人逐漸進入水沙連地區墾殖，傳統文化一度瀕於消失，直到近代才有機會進行文化復振。

　　日治期間發展糖業、設立發電廠，1917年載運砂糖和原料的輕便車道開通後，水沙連山區道路和西部平原連接，開啟了日月潭在臺灣觀光的知名度與榮景。但是一連串的外力開發和瘟疫的肆虐，邵族人口驟減，迫使部落遷移，最後僅剩現在的伊達邵（日月村），頭社的族人則移居大坪林。

　　國民政府治理後，蔣介石總統鍾情日月潭的景緻，常來此休憩，並

從涵碧樓眺望日月潭
（王庭玫攝）

招待外賓欣賞秀麗的風光和邵族歌舞，在其安排下邵族歌舞團隊還曾前往定海、舟山群島等地勞軍。如今於伊達邵碼頭的逐鹿劇場，邵族歌舞仍是頗受歡迎的表演，招牌「白鹿傳奇」舞劇節目，呈現背著籠筐女舞者與手持弓箭的男舞者，以肢體演繹了邵族人和樂的部落生活，穿著一身白衣、頭戴鹿角的白鹿演員出現，跳躍於眾舞者間，隨後男舞者以弓箭追逐白鹿，再隱身於湖水，化身仙女的白鹿結合了山水情境，一直是日月潭最美麗的傳說。

　　lalu島在日治時期曾被改稱為「玉島」、「水中島」，戰後更名為「光華島」，隨著社會開放與原住民意識覺醒，2001年再度恢復原名稱lalu，以表對邵族人最高祖靈paclan居處之尊重。日月潭綺麗風光在邵族人文融合下更顯獨特，山水情境與人文相互輝映。

　　日月潭清新靈秀，有湖水山景相伴，顏水龍畫過一幅油畫〈日月潭〉，畫面呈現藍天白雲、群山倒影、湖水無波的遼闊視野，藍綠色調和諧而沉穩，顯示出畫家對顏色的喜好與自信。畫家用畫作留下山水清靈秀麗的氣質，進一步呈現出日月潭的美感內涵與特質。

（六）山野的鳴聲／動物的野性美

　　山稜線上一群水鹿現蹤，背著清晨曙光的身影像剪影般迷幻；迷霧籠罩的森林中，山羊、獼猴穿梭其間，荒野裡不時聽見黃山雀、環頸雉與各種鳥類的鳴叫聲，這是一幅豐富的臺灣野生動物風景，用「野性之美」來稱謂應不為過。

　　臺灣島嶼生態環境，氣候自溫帶過度到熱帶，山脈隔離出高低海拔、土壤地形等因素影響，造就了豐富而多樣的動、植物分布，許多生物經過長期與大陸隔離演化出本地的特有種，也形成臺灣獨特的生態環境。

　　從16、17世紀迄今，西方探險家與自然生態學者到臺灣調查，發現多樣的新物種，迄今國內仍陸續公布了諸羅樹蛙、臺灣短尾鼩、臺灣兔耳蝠等臺灣特有物種，其實還有很多樣的生命現象等待被發現。

　　在臺灣開發過程中，許多野生動物的棲息地遭到破壞，食物來源也受到影響，雖然陸續發現新物種，但稀有動物瀕臨消失的也不在少數，依據農委會公布的臺灣保育類野生動物中，瀕臨絕種保育類四十一種、

珍貴稀有保育類一二三種，其他應予保育類四十八種。

　　亟待保育的臺灣特有種野生動物，為人熟知的哺乳類有臺灣長鬃山羊、臺灣黑熊、臺灣野生梅花鹿；鳥類有臺灣紫嘯鶇、烏頭翁、帝雉；爬蟲類為臺灣脆蛇、臺灣草蜥、金絲蛇等；兩棲類有臺灣山椒魚、諸羅樹蛙等；魚類則為櫻花鉤吻鮭、臺灣副細鯽；蟲類為曙鳳蝶、渡邊氏東方蠟蟬等等。最具代表性且瀕於絕種的野生動物為臺灣黑熊，牠是臺灣特有的亞洲黑熊亞種。最重超過200公斤，頭呈圓形、頸部短、眼睛小、吻部很長形狀像狗，有「狗熊」的別稱，全身覆蓋著濃密的黑毛，胸口有黃色或白色毛呈V字型斑紋，十分特殊。

　　臺灣黑熊與高山地區原住民關係深厚，布農族人稱牠tumað、鄒族人稱cmoi，因為牠龐大的身軀與巨大的力量，過去獵人對黑熊極為畏懼，因此獵得黑熊被視為獵人一生中至高無上的榮耀，是部落族人尊敬的勇士。臺灣黑熊現存族群數量不多，出沒於中央山脈海拔1000–3500公尺的山區，活動範圍可達50平方公里；因土地開發導致棲息地喪失，雖然日

杜寒菘的雲豹壁畫作品（〈明潮〉高政全攝）

本探險家早在1932年就已提出呼籲，臺灣黑熊的數量仍在下降中。

　　阿美族木雕家Siki於2014年曾以臺灣黑熊為主題，雕刻了大小隻黑熊站立或坐或走等姿態的木雕作品，分赴各地展出，呼籲社會重視野生動物的生態環境。作品〈臺灣黑熊〉、〈臺灣黑熊2〉如同刻劃了黑熊在山林間抗議棲息地遭受破壞的心聲。

左圖 /
Siki　臺灣黑熊
木雕

右圖 /
Siki　臺灣黑熊 2
木雕

▌雲豹與獼猴

　　臺灣雲豹基本上已經消失，這種動物就像是山林中的精靈，捕捉獵物迅速敏捷，牠是魯凱族信仰與精神的表徵；據說早年祖先跟隨著雲豹的腳步，從東部翻山越嶺遷徙到大武山舊好茶部落定居，因此該地亦稱為「雲豹的故鄉」，世代族人遵守不靠近雲豹繁衍聖地「巴魯古安」的禁忌，嚴禁族人獵殺，如有人不遵守規範，將為部落帶來厄運。

　　魯凱族新好茶（禮納里）部落畫家杜寒菘，他平常喜愛畫雲豹，特別在工作室牆上繪製雲豹及部落耆老臉部的壁畫（見P.57），人與動物銳利的眼神望著來訪的遊客，目的是提醒進入部落的遊客尊重這群化身為

「雲豹的子民」的族人和文化。

　　雲豹不只是神話，對其他族群而言，獵得牠可能成為狩獵英雄的象徵。從兩三千年前卑南遺址發掘出土的「人獸形玦」玉飾留下一些線索，外觀造形由兩個人頭上頂著一頭貓科動物所組成，有可能是臺灣最早跟雲豹有關的文物。

　　雲豹的蹤跡也是生物界積極追蹤的目標，日治時代曾有捕獲雲豹的記載，近年來研究團隊在其出沒的大武山周邊設置一千五百多臺自動照相機、兩百多個氣味陷阱進行調查，但仍無發現，對此學者不抱持樂觀。現在要看到臺灣雲豹，大概只有到臺灣博物館看標本了。在現實環境裡無法尋覓臺灣雲豹蹤跡，彩墨畫家張克齊觀察從國外引進的雲豹動態，再配合臺灣山林生態環境畫成〈雲豹〉作品，欣賞其雲彩狀花斑紋和長尾巴。畫家為臺灣雲豹造像，讓人緬懷這種臺灣山林精靈的身影。

　　臺灣獼猴又稱黑肢猴，生活於臺灣中海拔3000公尺以下山區，原本也是珍稀野生動物，但因繁殖迅速及族群數量遽增，常見牠們成群結隊下山覓食，甚至騷擾住家、破壞農作物，讓人們頭痛不已。

張克齊　雲豹
2014
彩墨、絹本
90×150cm
（張克齊提供）

洪易
猴子香蕉
鋼板烤漆、
大理石

洪易〈猴子香蕉〉作品，以猴子愛吃香蕉的意象將兩者造形結合成一尊新時代的猴子塑像，外形討喜、人見人愛，猴子身上採用各種活潑的圖案，顏色鮮艷奪目，如同一隻頑皮的「潑猴」遊戲人間。

近年來保育風氣盛行，臺灣獼猴與雲豹兩種野生動物，卻因為生態棲地與繁衍數量等條件差異，走向截然不同的命運。雲豹在多年追蹤調查下仍無現踪，是保存野生動物的一大損失；獼猴數量暴增，礙於其為保育類動物不得捕捉，往往造成居民的損失及困擾。

▋ 山林中的鳥鳴聲

臺灣獨特的生態環境孕育了許多美麗的鳥類：臺灣朱雀、黃山雀、水雉、冠羽畫眉、白耳畫眉、黑面琵鷺、黑嘴端鳳頭燕鷗、五色鳥、朱鸝、赤腹山雀、栗喉蜂虎、環頸雉等，在各地自然形成許多賞鳥的勝地。讓人驚奇的是臺灣本地有帝雉、臺灣藍鵲、藍腹鷴等大型而美麗的鳥類，他們外觀皆具鮮艷的羽毛和長尾，除了是較為人熟知的臺灣特有種鳥類外，也很有臺灣本土特色。

帝雉原名黑長尾雉，喜歡棲息於1800–3200公尺的原始霧林，雄雉臉頰有紅色肉瓣，全身呈藍黑色亮麗羽毛，尾部長羽則有明顯的白色橫紋。由於外型氣宇軒昂像是鳥類中尊貴的帝王，被譽為迷霧中的王者，過去因捕獵而數量銳減，1981年被列入國際鳥類保育紅皮書。

俗稱華雞、山雞的藍腹鷴，體型比帝雉稍小，雄鳥羽毛為藍黑色，尾部長羽具有亮麗光澤，臉部肉瓣為深紅色，頭頂雜白色羽毛，腰部呈現鮮藍光澤，夾帶著白色羽緣，雙腳紅色十分鮮艷美麗，中央白色尾羽

則是辨識藍腹鷴的重要特徵，由於數量稀少觀察不易。牠多半棲於原始闊葉林下，其生性機敏，一旦察覺到周圍環境有異立即發出「咯、咯、咯」的叫聲飛離，迴盪在山野林間的響亮聲音常引起注意；1862年英國駐臺首任領事史溫侯（Robert Swinhoe）在淡水山區，可能就遇到這種讓他驚鴻一瞥且回味無窮的經驗，後來他僱當地人捕捉，並且在刊物上發表此發現。

　　畫家張克齊長期投入花鳥題材創作，他重視實際寫生，觀察臺灣特有的藍腹鷴、帝雉、藍鵲、竹雞、環頸雉、雲豹、石虎等，以工筆畫的耐心、毅力和寫實功力，一筆一劃生動、忠實地記錄這些美麗的野生動物生態。作品〈英姿煥發（帝雉）〉描繪帝雉的生長環境，站在巨木上的雄帝雉展現了華美身影與君臨天下之勢，帶領著雌鳥及雛鳥，一幅闔家和樂的氣氛，將生態之美的理念深植於觀者心中；〈藍腹鷴〉則栩栩如生地描寫一對藍腹鷴覓食的情況，美麗的鳥類姿態，藉著竹林、芋葉環境，營造出華麗寫實的畫面，將生態與特有種鳥類「野性之美」結合。

　　臺灣藍鵲又稱長尾山娘，頭部為黑色，擁有朱紅色嘴喙和金黃色的眼睛，全身有豔麗如琉璃般的藍色羽毛，拖著如綬帶的長尾巴，交雜著

彩瓷上的臺灣藍鵲

張克齊　英姿煥發（帝雉）　2004　彩墨、絹本　90×150cm　（張克齊提供）

張克齊　藍腹鷴　2014　彩墨、絹本　91.5×91.2cm　（張克齊提供）

黑白兩色的點綴，十分雅
緻。這種鳥喜愛群居，當親
鳥撫育幼鳥時，其兄姊都會
來幫忙餵哺雛鳥，一旦發
現領域有入侵者會群起而攻
之，直到將對方驅離為止，
顯示出藍鵲護巢的本能。從
牠們安身立命、保護家園的
特質，也看出臺灣特有鳥類
的特色。

　　前輩膠彩畫家呂鐵州曾
選擇臺灣藍鵲做為題材，融
合了傳統花鳥工筆畫與日本
膠彩畫技法，從描繪勾勒再
深淺分層次著色，在畫作上
呈現細膩與優雅的風格，這
種細緻功力可能與家中經營
繡坊事業，從小接觸花鳥題
材，耳濡目染有關。

　　帝雉、臺灣藍鵲多次
被選代表臺灣的形象，臺灣
銀行就將帝雉印製在千元鈔
票上，臺灣藍鵲也常是陶藝
家製作華麗花瓶或彩瓷的對
象。近年華航將兩架A350座
機命名為「帝雉號」與「臺
灣藍鵲號」，取其具有美麗
的色彩及儀態優美等特色，
代表臺灣擔任飛行大使。

呂鐵州
臺灣藍鵲
1930-1942
設色、絹本
128×41cm
（藝術家出版
社提供）

歷史｜家園

一磚一瓦或龐大的建築群皆能寫下歷史，臺灣的多元文化交替遺跡則成為歷史的美感經驗。

林家花園一景（王庭玫攝）

第二章

　　文化是人們在土地上生活、才情展現的經驗，由歲月蘊涵而成。臺灣的開發短短四百多年，比起文明古國，歷史縱深雖然不長，但卻曾經有許多族群在土地上生活過；歷經各時期不同族群的政權統治，島嶼承接差異性頗大的政治、經濟、文化等制度，從認知到經驗形成，在全盤接受到適應本土的變異過程中，這些多樣的文化元素逐漸融入到生活當中，對美感經驗產生了微妙作用，為臺灣留下有形、無形的文化資產。

　　歷史就像一面鏡子，讓我們清楚先人們活動的蛛絲馬跡。遺址文化層留住先民的智慧及經驗，建築遺構（物）反映聚落的歲月痕跡；由聚落形成的城市，則聚合不同年代的生活智慧，體現人們對居住文化的認同與實踐。

（一）「卑南古村」／史前人的美感經驗

　　臺灣史前時期的人類生活環境已經
有了原始住屋，它的建築是何模樣？除
了遮風蔽雨還考量哪些功能？石材的應
用對史前人類意義為何，產生的器物具
備何等美感機能？從現今留下來的遺址
和考古發現，找尋這些建築空間與堪稱
臺灣最早的美感經驗答案，可能超乎我
們的想像。

卑南遺址出土的建
築結構

　　新石器時期東海岸景觀，除了原始
自然環境，應該是以竹、茅草搭蓋的簡樸家屋，用石板為墓葬器物，礫
石堆疊而成的石牆或豎立的單石等整套巨石構築。相較於現代都市規畫
的建築區域、公共空間、道路交通、綠化植被和下水道等整體內容，涵
蓋各項生活機能需求，史前人類聚落會有如此標準與便利嗎？

　　由卑南遺址發掘出土的文化現象推論，卑南文化人的建築遺構可算
是臺灣原始的房屋建築結構。當時居住已納入方位的考量，住屋雖然簡
易，但因應生活需求已懂得設置排水設施，也考慮臺灣多颱風、地震的
環境，採取半穴式結構。日治時期人類學者鳥居龍藏、鹿野忠雄、金關
丈夫、國分直一等人先後來到卑南遺址調查，並首次在最大立石——月
形石柱之周圍進行試掘，初步發現地下的陶器及住屋遺跡。

左頁圖／
卑南遺址是國內最
大考古遺址

下1圖／
已列為國寶的卑南
遺址出土玉環

下2圖／
卑南遺址出土玉鈴

　　1980年南迴鐵路卑南新站（今臺東站）動工，暴露出千年的
地下遺物，臺東縣政府遂委託臺大考古人類學系宋文薰教授，
進行十三梯次的搶救考古，前後長達九年，成果豐碩，無論出
土石棺及遺物數量皆是臺灣考古史的空前紀錄，卑南遺址成為
臺灣最具代表的史前遺址之一。

　　卑南遺址為國定遺址，目前成立卑南遺址公園，是臺灣第
一個考古遺址公園，考古現場區域就遺留著史前建築遺構及大
量文物；從發掘出土文物的碳十四定年顯示，年代在距今五千
年至兩千年前，先住民於卑南遺址留存三個文化層，居住的時
間跨越新石器時代至鐵器時代。

卑南遺址出土遺物分別屬於距今五千年至三千五百年前的繩紋陶文化，三千五百年前至兩千年前的卑南文化——均屬新石器時代文化；卑南遺址晚期，墓葬由石板棺葬改為無棺葬，同時有鐵器出土，表示已進入鐵器時代，年代約在距今一千七百年前，此一文化層很可能與現生原住民祖先之文化接軌。

另一個值得注意的現象是大量石器的應用，卑南文化人不僅使用自然石塊、石板素材，以手工堆疊建造生活所需的住屋，也擅長利用玉石製作精美的工藝品；卑南遺址存在大量石板棺群，計有超過一千六百具石板棺被發掘，石棺以板岩石板拼接而成，石板棺最顯著的特徵是大致朝向都蘭山方向放置，而棺內出土大量陪葬品，包括一般生活工具、玉器或陶器等。

東海岸巨石文化出土的石輪

除了卑南遺址，東海岸巨石文化主要遺留有石壁、單石、人形石像、岩棺、石輪（有孔石盤）、石柱等，麒麟遺址出土的石器，根據碳十四定年可以早到距今三千年至三千五百年。其中，利用石塊中央穿孔形制的石輪，與太平洋上密克羅尼西亞群島的雅浦島（Yap）「石幣」頗為類似，當中是否有某種關聯，確實是個有趣的問題。雅浦「石幣」的製作雖不完全等同貨幣使用，但它的價值卻可以顯示擁有者的地位與財富，石輪則被推測可能與宗教祭祀有關。

▌卑南古村？

卑南遺址出土大規模的石板棺、玉器，應是當年之聚落所遺留下來的文物，早在鹿野忠雄調查時即採用鄰近卑南族的傳說，推測這裡曾存在一個古代部落，石柱是居屋的殘留。馬蘭阿美族流傳的傳說指出，Rarangos氏族曾居住於Vunu（卑南遺址），後來因地震引發火災，居民四散遷移，當時居住的房子木柱於是變成石柱。

當年臺大搶救考古時期發現龐大聚落規模，為我們勾勒出史前人類的居住環境，媒體曾以「卑南古村」來形容這個古代聚落。卑南文化人的聚落環境位於歐亞與菲律賓板塊擠壓、地殼抬升作用形成的卑南山礫岩臺地上；東側為利吉層與惡地，卑南大溪從中穿越，並直赴太平洋出海口；聚落南方則是臺東沖積三角洲平原，土地肥沃、水草豐美，是狩獵活動區域。

從聚落向北望，由海底火山爆發產生之集塊岩組成的都蘭山是明顯地標，卑南文化人的墓葬，大人、孩童，甚至新生嬰兒都以石棺埋葬；而石棺大致都朝東北—西南走向，即安葬方向面

上圖／
卑南文化家屋復原模型

下圖／
遺址現場出土的石梯（右方梯子形狀）

朝都蘭山，可能與其宗教信仰觀念或墓葬習俗有關。另外，從地面上的建築方向推測，卑南聚落房屋的門可能是朝東南方，即卑南大溪流入太平洋方向。

卑南遺址為大規模之聚落遺址，我們可從遺址的考古現場看到許多建築遺留，出土的建築結構屬於卑南遺址的晚期——卑南文化三和類型，年代距今約兩千至一千七百年。當時一般住屋的結構大致呈長方形，為北偏東走向連續排列，矮牆面對都蘭山。

以卑南文化人家屋規畫來看，內部形式每戶面積不大，呈半地穴式，室內鋪上板岩石片，屋外有走道通行，也設置排水溝；屋旁有半地穴式儲藏室，厚重的石梯置於一旁很可能是屬屋舍建築設施之一。整體的居住空間基本結構，比對蘭嶼傳統舊聚落，似有相似之感。

卑南玉器與美感傳播

　　從物質文化方面研究，卑南文化人製作玉器的工藝技術精良，他們建立器物的獨特美感，甚至藉著南島語族遷徙散播在周圍區域，最遠可能影響到東南亞地區。目前卑南遺址出土的陶器、石器等文物共兩萬餘件，其中以玉器最為精緻。雖然當初製作這些玉器、陶器並非純粹為了藝術表現，除了實用功能，還有可能是做為裝飾或彰顯功績，與祖先或神靈之間溝通的媒介等，但從它的造形美感仍可讀出許多有趣的經驗來。

　　卑南文化人製作陶器日常用品，可以做為研究當時史前文化與人類生活的重要材料。大多數的陶器沒有紋飾圖案，但造形美感十分優越，最常見的雙耳陶罐是專用於陪葬的器皿，通常置於死者頭部兩側或石板棺外，外觀基本上是帶著雙豎把的陶罐，其造形簡潔，有的呈扁平型、有的長條型，豎把、罐體與圈足三者之間有各種變化，例如雙豎把為主，也出現單豎把陶罐加上圈足的罐體，也有的不加圈足，縮放自如的造形功力，就現代看來也頗讓人驚嘆。

　　屬於卑南文化晚期的舊香蘭遺址，2003年發現的石刀與陶片帶有蛇紋等圖紋，另從遺址「垃圾堆」中找出了千餘顆琉璃珠，經碳十四判斷這些文物約為一千二百多年前所遺留，那時臺灣東部的原住民可能與鄰近的南島語族有所往來，如此悠遠的「國際關係」遠非現代的我們能夠想像。這些史前人類所遺留下來的石、陶器上的蛇紋造形，更與臺灣原

造形多樣的史前陶罐

住民族群的美感經驗有著千絲
萬縷的關聯。

　　臺灣本土造形美感的傳
播早於史前時期就已展開，
2007年臺灣考古學家洪曉純博
士結合了澳洲、越南、菲律
賓、馬來西亞、泰國及法國等
考古學家，以電子探測儀分析
了一四四件出土於臺灣及東南
亞各國的玉器標本，證實其中

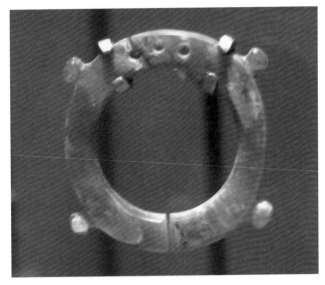

一一六件玉器原料都來自臺灣花蓮豐田地區，尤其是圓形玉玦四邊的突
起造形及製作方式都有相似之處。

　　換句話說，在距今約四千至兩千多年前藉著海上遷移活動，臺灣本
土的玉器曾分別抵菲律賓、越南、婆羅洲、泰國南部等地區，臺灣玉的
形式美也許就在工藝匠師人才與物料的流動下，在各地製作和流傳；比
對南島語族遷徙途徑，這個廣大海域可能是當時臺灣史前工藝美感的傳
播範圍。

　　史前人類在玉石器上打造留下痕跡，也懂得在造形上變化，增加器
物的美感，甚至藉著各種機會將美感傳播出去；美感經驗的學習不會限
定在作品的材質、大小或精細程度，似乎從原始到現代，造形美感本質
並沒有太大的改變。

（二）野銀地下屋／傳統聚落的生活機能

　　無論土地富饒或貧瘠，人口集中或稀疏，土地與族群孕育出不同
的文化；美感則不分地域人群，也無分年齡大小，是每個人皆擁有的天
賦。有的以接力方式傳承祖先的智慧，有的是披星戴月換來的認同與堅
持，用時間慢慢地累積它的深度與厚度，代代相傳著美感經驗。

　　蘭嶼鄉的野銀、朗島舊聚落，是由雅美族人依傳統經驗興建的地下
屋建築與空間所構成的聚落景觀，具完整生活機能型態，為臺灣現存早

野銀部落的新舊
屋舍混居現象,
傳統與現代住宅
外觀有著明顯差
異。

期傳統聚落建築,是重要的文化資產之一。

1980年初我踏進蘭嶼,被眼前景觀猛然點醒:在一個孤懸海外的島嶼,居然有一處人與自然環境和諧的居住環境,何況它是一個大聚落,若彼此沒有集體的美感意識,如何組成這一大片賦有族群美感的建築群?

雅美族人稱蘭嶼為「Ponso no Tao」,意思是「人之島」,閩南語稱「紅頭嶼」,1877年(清光緒三年)恆春知縣周有基將紅頭嶼(蘭嶼)併入清朝版圖,隸屬恆春縣。日治時期禁止一般人進入蘭嶼,規畫為人類學觀察研究區,讓島嶼順其自然發展,僅警察與人類學家得以進入;1897年鳥居龍藏成為第一個進入調查的日本人類學家,同時首次以「yami」稱呼當地居民。

民國政府於1945年全面開放蘭嶼,現代生活方式與觀光所帶來的適應問題,一直困擾著當地居民。1966–1980年間,政府以改善族人生活環境為由,每年以八棟十六戶的速度總共興建了五六六戶國宅,免費供族人居住。這個政策沒有周詳考慮到雅美族人的傳統生活起居方式,硬是置入無法融入環境的廉價國宅,居民顯然無法接受政府照顧的「美

意」，將之閒置當成養牛放羊的舍房，一度成為島上諷刺的地標。

　　當年我與同學黃錦志、吳春錦夫婦及曾雙春同行，首次踏上蘭嶼，夜宿部落朋友的家，猶記得在熱帶島嶼的夏天夜晚，水泥住宅容納我們幾個客人後即顯得擁擠，沒有空調的牆面散發熱呼呼的暑氣實在很難入眠，幾個男生索性就在陽臺上聊天，直至眼皮睜不開擁著自然入睡。

　　近代環境變遷迅速，島上年輕人多半赴臺求學就業，野銀舊部落傳統屋曾兩次面臨重大的拆除危機：1979、1998年由臺返鄉的年輕人主張拆屋，興建水泥屋以享受現代建築的寬敞空間與便利性，卻遭到部落裡老人家的反對，自發性發起了保存傳統聚落的運動，當年的鄉長廖班佳也曾呼籲政府加以保存；1994年再度推動海砂屋改建計畫，朗島舊聚落傳統家屋多數改建成水泥房，目前較完整的傳統建築僅存野銀舊聚落。

上圖 /
蘭嶼舊聚落建築

下圖 /
蘭嶼現代家屋的裝飾美感

　　1981年蘭嶼核廢料貯存場成立，反核廢抗爭不斷從島內串聯到島外，直到現在島上居民仍有不少反對聲音。2002年政府通過〈離島建設條例〉，蘭嶼地區居民住宅電費免收，特別予以雅美族人回饋補償。這項政策也加速雅美族的「現代化」變遷，現今除了野銀、朗島舊聚落部分傳統建築刻意保存外，其餘住宅大都改為水泥或平房，族人在住屋外觀飾以傳統圖紋美化，形成結合現代家屋的式樣。

　　這些年往返蘭嶼數次，感受到該島上部落面臨的現代化衝擊。2011年沿著橫向公路爬上山，從山頭往下觀看仍可感受獨特的野銀舊聚落景觀，但

由上至下圖 /
1. 傳統聚落的
   豬圈
2. 蘭嶼船屋
3. 舊聚落建於
   坡地上，有
   利排水。

新式水泥洋房已然入侵，在部落各角落出現，畢竟居住空間改變沒有嚴格的規範，全憑居民的自覺；傳統屋雖然是祖先遺留的建築智慧，若沒有對族群文化與美感的認同，隨個人需求而改變之態勢難以阻擋，就算認同這份美感，還得需要持續才能永續流傳。

▌野銀傳統聚落的規畫

雅美族將自然環境區分為海、海邊、山林三個區域，生活居住區域也依此展開。聚落選擇在緩坡上，田地則分布於聚落後方或兩側，可同時兼顧海邊、山林環境，方便從事漁業和農耕的生產；另外聚落規畫也和自然環境相關，由於地處熱帶，居住坡地除了可防止海浪沖刷，還可居高享受季節風帶來的涼爽，而半地下化的建築既可防颱又有夏涼冬暖的作用。

野銀舊部落位於蘭嶼東部，鄰近東清灣，為雅美族保存最完整的傳統聚落空間，是族人極具智慧的部落傳統建築及順應自然生活的實例；野銀部落族人稱為Ivalino，意為「土地多生長馬鞍藤」，當地祖先相傳來自菲律賓巴丹島，渡海到蘭嶼與紅頭部落的寡婦結婚，婚後夫婦遷回巴丹島生下兩子，但島上發生飢荒不得不舉家回到蘭嶼，原本想投靠岳父卻被拒絕，夫妻倆只得帶著小孩到當時還無人居住的東南海岸，建立野銀部落。

聚落空間完整的規畫，依功能性

林建成
蘭嶼野銀舊聚落
1996 彩墨、紙
45×70cm

需求主要為村落家屋，水、旱田農耕地，採摘野菜、木材砍伐的林地，以及攸關生計的豬圈及海邊船澳、船屋，村落外圍則是墓地。

野銀舊部落的地基建於約10度的坡地上，地表上為紅土層，下為礫石層，利於排水，因此也不擔心淹水問題，加上靠海邊的船屋，整體生活機能配備齊全且與自然景觀融合，堪稱完美的複合空間美感設計。筆者水墨作品〈蘭嶼野銀舊聚落〉描寫蘭嶼傳統聚落的景觀，居住區域以石塊堆疊區隔，半地下屋鐵皮屋頂露出於地表，木造的涼臺聳立於最高處，呈現高低落差的空間規畫與格局。

2002年野銀舊部落曾與澎湖、阿里山鐵道等三處據點，被文建會提報為世界文化遺產的潛力點，當時國外的史蹟建築專家認為野銀舊部落符合自然人文複合遺產。

▌朗島部落的傳統家屋

朗島部落族人稱為raraley，意思是「禮貌和善的村落」，早期原聚落位於Ji-Mawawa地段，因遭洪水沖毀，倖存村人遷居至現址逐漸形成聚落。在道路未開通前朗島是東清和椰油部落的必經之地，居民對過路陌生人皆親切打招呼，才被稱做有禮貌的部落。

　　朗島部落在蘭嶼島上六個部落中土地最大，又分為上部落與下部落，下部落為老人家居住的空間，仍保存著部分傳統地下屋，前方的潮間帶及海灘為舉行招魚祭等祭儀活動地點；而政府興建的國宅建在上部落，是年輕人的居住地，形成傳統地下屋和水泥屋——兩種世代對比的現象。

　　蘭嶼傳統的居住空間，是一處完整的自然與人文複合有機體，主要建築分為主屋（vahay）、工作房（makarang）、涼臺（tagakal/lapalag），中間圍著前庭（inaorod）。主屋即地下屋，正面朝向大海，以礫石堆砌方式建築，約挖深地表1.5–1.8公尺，僅屋頂露出地表，可減低颱風侵襲的傷害，它的屋頂約高於側坡坎60公分，側山牆則開窗便於通風；樑柱建材以毛柿、小葉桑及臺東龍眼木為主，內部後室還設有飛魚灶，燻製魚乾時產生的油煙將屋內木料燻黑可防蟲蛀。

　　工作房是孩子長大後準備興建新屋時的居住空間，建於淺穴上，地板大致和地面平行，材料則選擇蘭嶼赤楠；涼臺是平日休憩與製作手工藝的地方，以杆欄式建築架於主屋前，僅加蓋屋頂，周邊不設牆面便於

涼臺

通風；家屋建築運用不同的樹材，族人遵守相關規範，尤其是主屋建築絕不隨意使用其他材質，避免影響身體健康及農漁收穫。

最早的主屋、工作房與涼臺建築材料皆以當地生產為主，屋頂以茅草搭成，三至五年需更換，現在多改用鐵皮或覆蓋油布屋頂，舖上柏油以防水；完整的主屋興建，準備與工事約需三年，第一年砍木頭、備建材，第二年種芋頭、養豬，在落成儀式時可以分贈親友，房子施工則至少需一年，在動土前族人舉行ipapant儀式，男主人埋下兩顆瑪瑙珠，祈求施工順利、家人平安，動工後鄰居及其他部落親友會主動前來幫忙。比較隆重的主屋都會舉行落成儀式，籌備工作及早進行，族人種植大量水芋及牧養大群的豬羊，俟儀式完畢後將水芋及豬羊肉分送給參與的親戚及部落內的每一戶人家。

傳統的家屋規劃，主屋前的前庭平時為社交場所，其上有涼臺、曬魚架及靠背石，穴居式住屋是對當地生態環境最能適應的住居方式，由於土層的隔絕，呈現冬暖夏涼的效果；每棟主屋皆設計有排水系統，包括排水孔、暗溝及出水口，暗溝則以石頭和石片砌成，出水口於兩側或

下方的住家直接排到外部，也有以共同線路排到公有道路的水溝中。

　　當年在朗島舊部落傳統的居住空間爬上爬下，鑽入地下屋窄門，觀看被煙燻黑的主屋生活起居，和族人一起嚼著大塊芋頭，一起坐在庭院，在曬飛魚乾架旁的背靠石閒聊，確實是令人愉悅的經驗。

（三）府城驚艷／多元文化的美感

　　臺南府城開發甚早，土地上留下了各時期不同形式的文化現象與建築，能夠具體而微地呈現開發過程；南科遺址的發掘，有助釐清府城的前世今生，由大坌坑文化、牛稠子、大湖、蔦松文化、西拉雅文化到近代漢文化，文化層十分豐富而完整，時間更可推溯到四千八百年前。

　　早期西拉雅平埔族分布於新港、蕭壠、目加溜灣、麻豆等四大社，地方上流傳漢人來臺後，帶進原鄉的農耕及灌溉技術，以「割地換水」方式取得西拉雅族土地。後來因移民大量進入，西拉雅族被迫遷徙，現今仍保留住他們原有的公廨、「阿立祖」信仰及夜祭、嘯海等祭儀和文化。

西拉雅族傳統建築

歷經明鄭、荷、清、日治時代的府城，擁有特殊的城市建築遺跡，有臺灣近代史上第一座建築物，也有歷代政權在建築物上修建與改變用途的痕跡，在土地上展現不同時代交替、不同統治政權以民族本位為出發的文化內涵。

歷史的演進造就了府城文化的多樣性，以及多元交融的建築美感涵養，除了城市建築，臺南還有豐富的民俗文化與藝術，配合多樣且活潑的熱鬧節慶，例如鹽水蜂炮及規模盛大的廟會陣頭表演，傳統小吃更是聞名全臺；2007年府城進一步舉辦有創意的「荷蘭日」，介紹荷蘭的文化與物品，將歷史與現代連結起來。

留在臺灣土地上與歷史上的有形與無形文化資產，涵養出一脈相傳的信仰與價值；城市的多元美感與歷史建築，更以具象的存在，鋪陳出一條臺灣歷史的文化價值與美感經驗。

▍古城歷史建築凝結了時空的美感經驗

臺南的文化氣質是由濃濃的歷史氛圍所塑造而成。府城官式建築曾是統治政權的象徵，是近代與外來政權接觸、互動下的建築遺留。1624年荷蘭人占領大員（今臺南安平），用砂土及木板建造「奧倫治城」（Orange，今安平古堡）；由於位在海陸交會的沙嶼上，後改名熱蘭遮城（Zeelandia），意為「海陸之城」，1633年由磚石建材修造完成，為初期的臺灣城。

上圖／
西拉雅族傳統信仰

下圖／
荷蘭時期船艦模型

日治時期城區的一部分被夷平，隨後將光緒年間興建之圓形白色燈塔遷建於磚臺上；1930年日本總督府為慶祝「臺灣文化三百年」，將平臺上的公館改建為展覽及招待來賓之場所，即今之安平古堡史蹟展示館。熱蘭遮城目前僅留下一座老舊的南面城壁，但是這片古城牆堪稱是臺灣近代開發史上最古老的建築物，荷蘭人足跡已遠，留在土地上的記憶如雪泥鴻爪，但現今登上安平古堡陳列室，還可以看到許多鄭家軍與荷蘭相關文物、塑像與繪畫，睹物遙想當年荷蘭軍艦與戎克船發生砲戰，應是何等激烈與壯觀。

後來荷蘭人又築普羅民遮城（provintia，今赤崁樓），做為統治臺灣的行政中心，先以十五匹布取得赤崁一帶土地，在此開設市街及商館，建倉庫、醫院；1652年荷蘭人修建城堡，用糖水糯汁蜃蚵灰，疊砌紅磚城垣，城牆十分堅固，成為荷蘭人的政治商業中心。

上圖 /
荷蘭人建築的熱蘭遮城模型

下圖 /
熱蘭遮城僅存的古城牆

1661年，鄭成功擊退荷蘭人後將普羅民遮城改設為承天府，是明鄭最高行政機構；清代當做火藥庫，中間曾陸續興建廟、閣、院、殿、祠等建築；日本時期一度成為軍醫院、日語學校。歷經清代、日治以來多次修建的赤崁樓，逐漸成為今日所見的建築形式，其中建築物外觀增設由贔屭駝著紀功碑，是乾隆皇帝表彰福康安平定林爽文事件，特賜十塊以金門「麻糬石」雕刻而成的御賜碑石，為臺灣現存最多的龜趺御碑。

清代的建築遺跡億載金城創建於1874年（清同治十三年），係因牡丹社事件後，清廷洞悉日本有侵臺野心乃派沈葆禎為欽差大臣來臺

顏水龍　熱蘭遮城古堡（安平古堡）　1993　油彩、畫布　53×72.5cm（藝術家出版社提供）

呂鐵州　戎克船　1941-42　設色、絹本　51×63cm（藝術家出版社提供）

右頁由上至下圖 /
1. 臺南孔廟禮門
2. 古色古香的臺南武廟
3. 孔廟附近美食街

辦理籌防工事，他奏請於安平三鯤鯓建立西氏三合土砲臺，聘請法國工程師設計，於1876年完工。

1662年（明永曆十六年）鄭成功去世，民眾感激他驅逐荷蘭人且忠於明朝的愛國情操，建「開臺聖王廟」奉祀；1874年沈葆楨奏請清廷追諡建祠並於1875年竣工，定名「延平郡王祠」。日本治臺時期，鄭成功進一步被神化，原祠修建為「開山神社」，是府城最早的神社，也是臺灣各神社當中唯一奉祀漢人神明的神社；戰後舊廟再度重建為中國宮殿式樣，成為由官方興建紀念鄭成功的祭祠。

延平郡王祠在不同政權詮釋下呈現不同面貌。供奉正殿內的鄭成功神像，在2008年自民間迎回安座，鄭成功開臺屯墾相關的事蹟及明末與鄭成功殉難的世子、諸臣牌位，分置於正殿之前的左右廂房東廡、西廡，增添莊嚴肅穆之氣。

延平郡王祠的戶外庭園內有兩棵古梅，據說是鄭成功所植，已有三百年歷史；祠堂右邊為臺南民俗文物館，展示古代匾碑及民間藝術品等；另有鄭成功騎著駿馬的花崗岩石雕像，也是日本及大陸觀光客常造訪的景點，成為臺南的文化地標之一。

▌生活在歷史空間

府城中遍布各處的傳統中式建築，與庶民日常生活環境相連，包括小南門古城門，古色古香的文、武廟，還有大大小小的廟宇和文人氣息的靜謐空間「全臺首學」孔廟。列為國家一級古蹟的孔廟，1665年（明永曆十九

全臺首學──臺南孔廟

年）由鄭成功之子鄭經之參軍陳永華提倡興建，做為延續中華文化中的儒學思想，清初一度是全臺童生入學之所，故稱「全臺首學」。

孔廟形式為傳統閩南建築群，基本規畫為左學右廟，前殿後閣之三合院形式，歷經清、日治到民國多次整修，重要格局為大成殿、崇聖祠、明倫堂、東西兩廡及櫺星門、禮門等，整體園區以紅瓦建築為特色，蒼鬱古樹令人思古之幽情，且呈現自然簡樸和清新開闊的氛圍。

以孔廟為中心的歷史古蹟區域，還涵蓋有五妃廟，1683年明朝寧靖王朱術桂，在清軍大舉攻臺時堅不投降，與五妻妾一同縊死，後來於墓前興建了五妃廟；另有古意盎然的祀典武廟，距今三百多年，風華依舊；1684年（清康熙二十三年），原明寧靖王府邸改建成大天后宮，氣勢高大宏偉；以及日治時期練習武術的武德殿、山林事務所等多處傳統廟宇和公共生活空間。

以孔廟文化園區延伸的生活圈，從府前路、開山路、南門路到府中街、五妃街等多條街道巷弄，許多咖啡廳、異國美食餐廳和小吃進駐，不論義式、美式料理、咖啡、簡餐下午茶，甚至牛肉麵、水果冰、肉圓、包子、炒泡麵等在地小吃琳瑯滿目。

生於臺南的郭柏川畫臺南的古蹟

赤崁樓

郭柏川　赤崁樓　1968　油彩、宣紙　43×37.5cm（藝術家出版社提供）

〈赤崁樓〉、〈祀典武廟〉有其一貫風格，筆觸大膽，喜愛結合水彩與油畫的特點，在宣紙上以油彩繪畫；其作品注重構圖，在用筆線條處理上隱含中國書法意境，用色上則採用厚實的色彩質感變化，如野獸派的艷麗色澤，畫面顯得耀眼而活潑。

1957年郭柏川畫〈孔廟大成坊（二）〉作品，以全臺首學——孔廟的禮門與古樹、綠蔭為要素，以大筆觸的朱紅描繪風華褪去的磚造建築，配合應用藍紫色系的大樹幹構圖，貫穿整體畫面形成平衡感。1966年郭柏川再度以青、朱紅強烈的對比色彩，描寫艷陽下的臺南孔廟，角度如出一轍，但風景中多了中式塔樓背景，前方騎著自行車的女孩和路人，使原本莊嚴肅穆的全臺首學，顯現出南國艷陽與寧靜的午後時光。

府城的景觀即因歷史古蹟留存和在地多采多姿的生活所構成，與民眾信仰息息相關的廟宇信仰隨處可見，

郭柏川　祀典武廟　1929　油彩、畫布　88.3×94.5cm（藝術家出版社提供）

郭柏川　孔廟大成坊（二）　1957　油彩、宣紙　45×57cm（藝術家出版社提供）

不僅香火鼎盛、建築古色古香,也保留了不同時期的多元文化與美感現象。在歲月時空的累積醞釀下,古樹綠蔭、紅瓦磚牆、人文藝術、小吃美食等府城的現代城市意象,如同郭柏川的畫作呈現獨具氛圍的歷史感,以及靜謐的氣氛和怡然自得的生活。

夏陽　學生
1988
油彩、畫布
228.6×117cm
(藝術家出版社
提供)

(四)從艋舺到臺北城/城市風格與意象

從繪畫構圖來看田園與城市景觀的要素選擇,田園是自然環境所構成,人與動物是當中的配角,城市則是人與建築構起的景觀;建築是城市不變的風景,無論方圓結構、大小量體及高低錯落的形體,像是一堆火柴盒或積木的組合,在各式各樣建築物的襯托下,人卻是流動的。

旅美畫家夏陽的繪畫很能夠表現出這個觀點,他描繪大都會裡的眾生相,〈學生〉畫面上是一名女性手持書本、背著背包,行色匆匆穿梭於都會區高大的建築物前,建築裝飾精美華麗,流動的人看不清臉上的神色,就像是失了焦的鏡頭般,顯露出都會個性中的冷漠疏離與物象的虛無,既相互隔離又彼此依靠,也反映出當代的都會色彩與風情。

從家屋集合成聚落，聚落拓展為城市，進而演變成大都會的居住環境，最終發展出獨特的風格意象；臺灣的權力中樞，同時也是政經與文化首善之區，臺北都會塑造出來的城市意象，也不出這個模式。

清乾隆年間，漢人移居淡水河沿岸的艋舺（Mankah，凱達格蘭族語「獨木舟」之意），並與當地人通婚或進行買賣，逐漸由獨木舟聚集據點，改變為臺北盆地貨物的集散中心。1884年臺北城興建完成，各級官署、祭祀宗廟公共建築陸續建立，清式傳統街市成形，商業鼎盛。

日治時期，象徵殖民最高權力中樞的總督府（今總統府）於1919年正式完工，各主要機關如臺灣銀行、臺北州廳、專賣局等官署廳舍、公立學校建築也分別設立，市區建設如西門町等商業發達地段，奠定了經濟基礎，總督府也成為殖民時期建築的造形指標。

國民政府治理後，臺北朝向建設現代化都會發展，故宮博物院、捷運、世貿中心與國際會議中心等建設陸續完成，交通便捷與商業高度成長，俟臺北101大樓出現，成為臺北首要的中心商務區，以經濟帶動繁榮的景相使臺北市呈現國際化都市表徵。101超高大樓是臺灣建築技術躍進的象徵，不僅為臺北設立了新地標，也是現代臺灣意象代表之一。郭香玲水彩作品〈101大樓──臺北的天空〉，以一支獨秀的造形，突顯了101超高大樓聳立於建築叢林之間，由亮麗而甜美的色彩為這座城市地標美化；洪易放置於桃園國際機場出入境大廳的作品〈麗臨臺灣〉，則將101大樓設計在行李推車裡，讓旅人載著走，結合了觀光旅遊與臺灣都會意象等多重意涵。

從開發到國際都市，成為臺灣的政

洪易
麗臨臺灣
鋼板烤漆
（桃園中正國際機場二航廈典藏）

郭香玲
臺北101大樓──
臺北的天空
2015　水彩、紙
57×38cm
（郭香玲提供）

經文化樞紐，臺北有其獨特的條件──清代以來一直是臺灣的最高政、軍治所，經濟繁榮冠於全臺，在文化上更是臺灣文化的窗口、中西薈萃交流之據點，引領臺灣邁向現代。

　　從歷史發展來看，臺北城是臺灣唯一依照中國傳統風水、堪輿學而建造的城池；日治時期，臺灣成為日本新建築的實驗與實踐場域，將日本明治維新向西方學習的都市規畫與建築觀念移入，塑造殖民臺灣的權威及現代化建設的觀感，這股風潮也延續到各縣市，不同的歷史建築經驗，反而成就臺灣多元的建築美感性格。

艋舺發展見證了臺北都會城市的日新月異，它聚合的「城市意象、文化遺產」基礎，是繁榮、多元混雜的美感經驗，歷史街道與建築如同瞬間凝固的歷史片刻，為我們留下追尋往昔土地上人們創造榮景與美感概念的線索。

▍從艋舺到臺北城

　　現代臺北都市景觀高樓林立，與世界各大都市建築印象相差無幾，但從艋舺到臺北城的面貌變遷，歷經百年以上的經營，各時期皆留下了痕跡；這些遺留下來的歷史建築，除了能夠印證它的「前世今生」，更是臺北人對城市風格的美感經驗來源。

　　臺北城聚集成市，由萬華開始。清初時期凱達格蘭族人深入淡水河上游的大料崁溪（今大漢溪）、新店溪等區域，載運茶葉、番薯等作物，並與福建、泉州移民進行交易，當地舟船雲集的意象成為「艋舺」地名的由來。

　　道光、咸豐年間，由大陸來的商船可經淡水河直達艋舺，臺灣北部最大的都市逐漸成形，而艋舺到大稻埕之間也形成大臺北腹地；1875年（光緒元年）福建巡撫沈葆楨奏請建臺北府，並選定艋舺與大稻埕之間的荒地構築臺北城。

　　1884年完工的臺北城，規畫採中國傳統地理勘輿風水興建，內部規畫府城各級官署，包括臺灣巡撫衙門、臺灣布政使司衙門、臺北府衙門及文、武廟、城隍廟、天后宮等祭祀宗廟公共建築於城內陸續動工完

左、右圖／
清代府衙建築「欽差行臺」

日治時期建築
—總統府

成；目前所遺留的清代府衙建築為「欽差行臺」，其建築結構宏偉，室內空間格局寬敞，裝飾沉穩、古樸，可以看出府衙的氣派和威嚴。

臺北城共計興建五座城門，分別是以北門為主城門的「承恩門」、南門「麗正門」、小南門「重熙門」、東門「景福門」及西門「寶成門」。日治時期承恩門遭拆除城廓等建築；1966年東門、南門和小南門全面改建為中國宮廷建築樣式，失去了原貌。目前保持最完整的是承恩門，列為國定古蹟，2016年拆除凌駕周遭的高架橋匝道，保留了古城門的喘息空間。對臺北市而言，承恩門不僅是一座城門，它更是臺北城最早

左圖／
臺北承恩門
（王庭玫攝）

右圖／
景福門現況

的記憶，城門臺座的石材採用的是大直北勢湖山區的安山岩，屋頂為中國南方傳統建築常見、外觀如燕尾式美感的「單簷重脊歇山式」屋頂。

日本治臺後，將艋舺改名萬華，臨時總督府設在布政使司衙門，隨後選擇城內核心地帶興建總督府，並將建築物朝向東門建造，似乎有遙望日本國土的象徵意味，同時總督府高60公尺的中央塔可以俯瞰臺北盆地全景，掌控整個臺北城。

1919年，象徵最高權力的總督府完工，整體建築物呈「日」字形，主體為五層建築，層層緊密相連、結構嚴謹、造型對稱，平面占地面積達6930平方公尺；建築物以鋼筋混凝土建造，外觀黏貼紅色磚，並以白色的洗石子材質裝飾，為整體莊重的量體點綴出華麗、活潑的氣息。室內則設計精細，隨處可見類似西方文藝復興後期式樣建築的高聳圓柱、山牆，雅緻的雕飾、深邃的拱廊、精巧的拱門，反映出日本新建築追求模仿西方經典建築的企圖與美感經驗。

戰後總督府改為總統府，成為國家象徵及臺灣的最高權力中心，從日治時期第七任臺灣總督明石元二郎起，到國民政府歷任總統蔣中正、嚴家淦、蔣經國、李登輝、陳水扁、馬英九、蔡英文等均在此辦公，總統府這棟建築融合了歐美、日式精良建築技術和美感經驗的結晶，為臺灣不可多得的珍貴文化遺產。

此外，日本時期的建築，如司法院、臺灣銀行總行、臺灣博物館、土地銀行、臺北郵局、中山堂等均屬當年的新建築；這批仿「西洋建築」式樣公共建築的出現，主要是19世紀明治維新時，赴歐洲各國習得

左圖 /
日治時期建築─
臺灣博物館
（吳心如攝）

右圖 /
日治時期建築─
中山堂
（吳心如攝）

石川欽一郎
臺灣總督府
1916
水彩、紙
33.2×24.5cm
（藝術家出版社
提供）

之專業技術與觀念，經由日本再輾轉傳到臺灣，當時殖民地正需要大量
建設，於是使用西方建築語彙及元素，創造出西式建築意象之新建築，
幾乎於全臺各地遍地花開。做為全臺政經中心的臺北，容納最多這時期
的「建築實驗」實體，也為近代臺灣公共建築立下基礎。

　　日治時期來臺畫家石川欽一郎，正逢這些公共建築陸續興建，他
在臺北國語學校兼任圖畫老師，致力推動鄉土人文的美術教育及寫生觀

念，影響臺灣頗鉅。作品〈臺灣總督府〉即顯示出其赴英國研習印象派的水彩畫風，同時呈現當年特殊建築造形、色彩的美感。

▌臺北城都會美感

臺北都市樣貌的建構，由街道集市、居民信仰的廟宇為中心區域往外擴散，到公共建築的設立，甚至都會區活動的人群，構成了都會區繁榮、多元混雜的美感經驗指標。

剝皮寮位於臺北市萬華區，為臺北市今日碩果僅存的清代街道之一，保存了漢人開發艋舺及各時期所建的古街區樣貌，如清代的街型、傳統居屋及日治時代市區改正後的住屋立面和光復後改建的面貌。

剝皮寮的地名可能與剝樹皮、剝獸皮有關，清代稱為「福皮寮」、「福地寮」，因發音近似閩南語的「剝皮寮」而稱之。從艋舺舊地契資料，1799年（嘉慶四年）便有店屋買賣紀錄，聚落成形迄今已有兩百多年歷史。

2009年完成修復的「剝皮寮歷史街區」，成為臺北市鄉土教育中心，利用街區內具有紀念意義的歷史古建築及店家進行空間規畫，展示當地住屋材料的演進——由土埆磚到紅磚厝、水泥厝的牆面實體，以及各項生活機能所需相關店家，例如保留章太炎旅臺居所、宋協興號、旅

右圖 /
剝皮寮現況一景

右圖 /
剝皮寮現況——
臺北市鄉土教育
中心外觀

右頁圖／
黃土水　釋迦出山
1927　銅
112×38×38cm
（藝術家出版社提供）

社、茶桌仔店、永興亭、醫生宅、浴室、茶室、威靈壇等，除了保存庶民住屋演進的歷史，也呈現臺北城市聚落成形的基礎，是不可多得的在地文化。

整個建築空間為日治時期與清末的混雜式樣，從外觀門柱就可以分辨，大部分為磚柱，也穿插了水泥立柱，反映了時代特色；歷史建築物造形優美，並有綠釉花瓶及花格磚的露臺，顯得古典莊嚴，見證了先民開發艋舺的歷史，為地區成長的最佳共同記憶。

艋舺龍山寺則是另一個可以印證臺北城市發展的實例。已列為國家第二級古蹟的龍山寺，建於1738年（清乾隆三年），早期由福建惠安、南安和晉江三縣移民興建，是民眾的信仰中心，因護佑居民香火鼎盛，逐漸形成「廟街（市街）」的經濟生活圈，臺北城的發展也由艋舺奠基、拓展。

龍山寺歷經嘉慶年間臺北大地震，1867年又遭暴風雨侵襲，1945年二次世界大戰中大殿全被炸毀，但皆能夠浴火重生，主要是因為居民堅定的信仰支持；目前的建築主體由著名匠師王益順規畫興建，不論是石雕、木

臺北龍山寺香火鼎盛

雕、彩繪均十分精緻，其特色是前殿有八角藻井及鑄銅龍柱，大殿有罕見的金柱撐起圓形螺旋狀藻井，充分展現臺灣傳統寺廟之美。

日治時期於艋舺出生的臺灣雕塑先驅黃土水，對龍山寺也有一份故鄉情感，1927年他受託製作〈釋迦出山〉，作為艋舺龍山寺重修落成之禮，但木雕原作不幸於二次大戰時遭戰火燒毀，1986年文建會以倖存之石膏原模翻鑄了五尊銅像，其中一座就擺放在殿內。黃土水以寫實手法塑造了釋迦的五官表情，神態祥和、莊嚴，人物體感與質感皆突出，連衣襟等細節都十分注重，顯示雕塑素養與功力技巧的深厚；這尊雕像能夠回歸到龍山寺，以信仰為本質，受到信眾的香火和膜拜，更重要的是保存了臺灣對神佛像塑造的美感經驗。

龍山寺奉祀神祇也反映了臺灣民間信仰的包融力──涵蓋佛、道、儒三教重要神祇，不論平時或假日總是湧進眾多人潮，每人一柱清香，鮮花素果或小佛像、香燭供奉，或站或跪，在供桌前祈求神明指點或保佑，尤其逢誦經時刻，梵音迴聲繞樑，擠滿的信眾與中外遊客，使人感受到信仰的凝聚力量，心誠則靈的場面總是令人動容。

（五）南方園林之美／臺灣四大園林的變遷

　　園林建築兼具傳統建築景觀與庭園之美，藉亭、臺、樓、閣、廊、窗、井等建築組構，利用大小、虛實手法布置組成休憩空間，更發揮巧奪天工的創意，將園中的奇石、假山、池水、花木等，集山色湖光共聚一樓，創造出富山水情境及豐富美感的庭園。

　　臺灣南北各地都有優美的園林建築，考量當地濕熱環境，設計出獨特的在地美感，置身其中就如同身處於山水畫卷，與西方庭園講究整齊、對稱等幾何形式的美感不同。

　　臺灣園林建築以板橋林本源園邸、新竹北郭園、霧峰萊園、臺南吳園最為有名，並稱臺灣四大名園。位於新北市板橋區西門街的林本源園邸，總面積約為6054坪，創建於1847年，分為庭園（林家花園）和宅邸（林家住所）兩部分。漫步在林家花園可感受到大戶人家的園林庭院之美。簡潔大方的汲古書屋為林家子孫讀書場所；雕工精細繁複的來青閣（繡樓），是貴賓下榻的場所；四合院格局的定靜堂是當時宴會的場

臺灣園林集山水亭榭之美

所；月波水榭建築與小橋相連，在此可觀賞水波月色美景；此外，還包括開軒一笑、香玉移、觀稼樓、方鑑齋等多處建築與人造山水景觀。

甲午戰爭後臺灣割讓日本，板橋林家子孫多數返回大陸避難，日治後期園邸已開始遭受破壞；民國政府遷臺時期林家花園遭占，最多曾居住三百多戶、一千多人，內部庭園建築瀕於破壞殆盡，隨後社會各界發起保存古厝、安置違建戶；1977年，林本源家族將庭園部分捐給臺北縣（今新北市）政府，經整修後於1982年開放參觀，現已成為臺灣在地園林建築的指標。

新竹著名的林園建築為「潛園」、「北郭園」，分別為士紳林占梅於1849年及開臺進士鄭用錫於1851年所建，一般稱為「內公館」、「外公館」。潛園、北郭園景緻曾列當時「竹塹八景」之一，可惜日治時期因闢建道路所需，二戰期間又遭美軍空襲，部分建物被毀，戰後因建設或拆除或部分移地復建，失去當年風采。所幸地方風物獨特的美感經驗，早年常被畫家紀錄下來，現今我們還能從畫家當年的寫生作品，去想像

左上圖／
林家花園營造的
假山園林

右上圖／
林家花園汲古書
屋設計簡單大方

左下圖／
林家花園定靜堂
為當時宴請賓客
之場所

右下圖／
林家花園月波水
榭別富意趣

李澤藩　潛園懷古
1986　水彩、紙
55×78cm
（李澤藩紀念藝術教育
基金會提供）

昔日的光彩。畫家李澤藩以北郭園畫了許多水彩畫作品，如〈北郭園門樓〉、〈舊家（北郭園門前的回憶）〉、〈北郭園小亭〉等；「潛園」系列如〈潛園懷古〉，1983、1985年的〈潛園〉等，畫面呈現精緻建築物、亭臺樓閣及小橋湖泊，遺世獨立的美景令人嚮往，重新喚起地方的記憶。

　　李澤藩生長於新竹，對在地生活景物感受頗深，北郭園、潛園自然融入記憶裡。畫家的水彩畫風格厚重，藍天白雲與綠樹白牆均以多層次著色法表現，畫紙上色後再經刷洗，然後添上重彩，呈現近似油畫的質感與量感效果。

　　霧峰林家宅第中的萊園占地二甲七分，於1887年開始興建，結合日式與西式建築風格。萊園景緻優美，建築結構宏偉，處處呈現精緻典雅、花木扶疏的亞熱帶氣候濕熱的南方園林美景，有「萊園雨霽」美譽，為臺中十二名景之一。

　　萊園依山傍水，為結合自然環境打造的庭園，景物建設有五桂樓、

李澤藩　潛園
1985　水彩、紙
89.5×109.5cm
（李澤藩紀念藝術
教育基金會提供）

考槃軒、夕佳亭、搗衣澗、望月峰、荔枝島、萬梅崦、千步磴、小習池、木棉橋等十景，與隨後增建的飛觴醉月亭與虹橋，整體既有自然山水之趣，又有文學涵養的意境之美，也成為當年梁啟超、櫟社等歷史名人結社活動之地；1965年明臺中學遷入園區，成為全臺第一個在古蹟中的學校。

臺南吳園是清道光年間（1828-1829），富商吳尚新買下荷蘭時期通事何斌的庭園，依地勢整建園林，聘請名匠仿照漳州城外飛來峰的形勢，設計假山、池臺水閣、奇花異木，景觀優美，當時又稱「樓仔內」；1911年，吳園南邊興建臺南公館（後稱臺南公會堂）、柳屋料理食堂，後陸續又有部分改建為旅館、臺南圖書館及百貨公司等。目前以古蹟活化方式經營的「吳園藝文中心」，腹地廣大、庭園雅緻充滿綠意，開放僅存的「仿飛來」假山、水池及閩南平房和四角涼亭（作勵軒）等，尚保有部分傳統園林風格區域供大眾參觀遊憩。

右頁上圖／
霧峰林家的
福州戲臺
（吳玫萱攝）

右頁下圖／
霧峰林家木雕
窗花一景
（吳玫萱攝）

▋霧峰林家連結近代臺灣歷史文化

霧峰林家祖先林石於1746年（清乾隆十一年）由福建漳州來臺，林家先後協助清朝平定太平天國之亂、抗法、抗日，並參與孫中山先生革命，日治時期曾發起籌設臺灣議會的請願運動，這些都是林家先人走過的足跡，與臺灣近代歷史緊緊相扣。

霧峰林家占地約6公頃，宅第分為下厝、頂厝及萊園三部分，下厝系統是林家宅園中重要的建築群聚落，包含草厝、宮保第、大花廳、二房厝和二十八間，其中草厝為林宅的起家厝，又有「發財厝」之稱。

清代時期，林文察平定太平天國之亂有功，後戰死於漳州，清廷下詔封「太子少保」，其子林朝棟於清同治九年直至清光緒二十一年間興建「宮保第」大宅院，官宅內部陳設華貴，外觀建築、庭園格局豪邁，堪稱全臺首見；從門上「春秋又八千」狂草體匾額（此為祝賀林朝棟夫人八十一大壽的牌匾），可看出官式建築的氣勢。

宮保第是整個林家宅園最重要的建築物，正面寬度十一開間五進深極為壯觀，其前三進為客廳兼公堂之用，第四、五進則為住宅。建築木雕、石雕、磚雕、彩繪等裝飾工法極為精緻，集清代園林建築、文人書畫

霧峰林家公保第
（吳玫萱攝）

藝術的美感於空間，帶著這種中國人文氣息的涵養進入日治殖民時代，林家後代子孫也於此豐富的人文孕育下，在臺灣近代史有非凡表現。

宅院中設有大花廳及碩果僅存的福州戲臺，是林家最富麗堂皇的代表性建築，當年林家嫁娶、喜慶和接待貴賓都在此。戲臺寬五開間，採明廳與洞窗的特殊設計，內包式的戲臺與供夫人小姐觀戲的水紋平臺為一大特色，臺頂中間雕飾燦爛紅花，是「大花廳」的命名由來；戲臺屋頂翹脊設計，木結構的屋簷與牆飾雕刻著蝙蝠、鰲、鶴等吉祥物，彰顯出大戶人家的文采與貴氣。

另有「二房厝」為三大落五進式建築，主要提供二房族人的居住空間；而因林家曾屯有兵勇，另設計有「二十八間」，含營房、馬廄、軍隊辦公室等屯軍駐紮的營房規模，實為一般民宅罕見。

頂厝系統則分為景薰樓、蓉鏡齋、頤圃與新厝等建築。1864–1899年完工的景薰樓分為三落，每落分為正身、內外護龍，1915年地震後加以修建加入日式建築風格；興建於1887年的蓉鏡齋，為林家家族學堂，頤圃則為穀倉及客房。景薰樓也是夙有「臺灣議會之父」稱謂的林獻堂宅第，他於日治時代發起「臺灣議會設置請願運動」，向日本政府要求在臺灣設立議會，為臺灣民主自治運動的先驅人物之一。

林家宅邸與萊園歷經921大地震後損壞

嚴重，在行政院921震災災後重建推動委員會的經費支持下，分五個部分
進行復原重建工程，目前五桂樓、景薰樓、頤圃、大花廳、宮保第、二
房厝皆已完成修復。

　　霧峰林家族群龐大，後代子孫在各行各業表現傑出，例如常年旅居
英國的林壽宇。戰後的倫敦曾是國際藝術中心，而林壽宇的繪畫表現與
活動，直接參與了英國50、60年代現代藝術風起雲湧的時刻，在國際上頗
有盛名。

　　1964年，林壽宇成為臺灣第一位代表英國受邀參展德國卡塞爾文件
大展的藝術家，故宮博物院也曾為他首度破例收藏現代藝術。林壽宇的
作品廣為世界數十家美術館及公、私單位收藏，他以極簡主義、絕對主
義風格成為享譽全球的藝術家。

▌板橋林家花園的傳統藝術

　　林家花園建於1893年，占地3815坪，據說建造工匠和建材皆來自大

陸。惟從庭園整體規畫來看，除了重視風水勘
輿的傳統，也反映出因應時代變遷的流行美感
和在地環境需求，例如來青閣屬閩式傳統木構
樓閣，觀稼樓建材則採用磚石為主，結合中西
美感的洋樓式樣；至於園林內涼亭、水池及遊
廊的配置也順應濕熱氣候因素，成了最佳設計
典範。

　　另外，結合文人風雅美感也是林家花園的
特色，室內掛置名人書法與傳統書畫，頗有詩
書傳家之風；建築物牆面則以磚雕花鳥、吉祥
古畫等做為美化裝飾，或設有多處的詩文提字
牆，園林內更設置一座敬字亭，表示對於讀書
人及知識的敬重。

　　林家早年常從江南聘請謝琯樵、林琴南等
書畫名家來汲古書屋講學繪畫，與本地文人墨
客也多有往來砌磋，反映了當時社會名流盛行
蘭竹花鳥繪畫的美感素養。

　　現今於林家花園定靜堂內，仍可看到中堂

上圖 /
林家花園——
遊廊

下左、右圖 /
林家花園——
矮牆與漏窗
——

上掛著翁同龢的筆墨。翁同龢是清末的政治人物、書法家,官至戶部、工部尚書、軍機大臣兼總理各國事務衙門大臣,位高權重,也是同治帝和光緒帝的兩代帝師,顯見林家家族透過對書畫的喜愛,與朝廷或政治人物之間的往來關係。

　　林家花園麗質天生,除各式傳統建築物自有特色,配合的景緻也有許多細緻設計,例如連接樓閣的通道遊廊,遠觀高低錯落有致,近看才得知為兩層設計,上層天橋,下層地道,行走其間峰迴路轉極有趣味,可以想見當年大戶人家閨女不隨意拋頭露面,但可以自在地玩耍賞景的情境。此外,以矮牆區隔生活空間的設計,其牆上裝飾的漏窗具有「隔而不離」之妙,造形有石榴、南瓜、仙桃、柿子等象徵福氣意涵的圖

席德進　古屋
年代未詳　水彩
56×76cm
（藝術家出版社提供）

案，各種變化極盡巧思，皆是入畫的好題材。

　　當年在林家花園寫生時曾碰上畫家席德進，他大概看到我們畫紙上也畫著矮牆，與他當下專注的題材相同，興致一來與我們論藝，能夠與名畫家相處一個午後，實在讓人愉快。

　　席德進當時熱衷於繪製臺灣傳統建築和民間藝術，不僅畫臺灣各地古厝建築，也畫矮牆裝飾、花窗及桌椅等物件，他曾說從臺灣民間的建築和生活用具能看到臺灣人的生活百態，以及臺灣人的美學觀。

　　席德進的藝術養成融合了東西方的美學內涵，畢生投入繪畫創作，他的作品中流露濃厚的臺灣人文或鄉土藝術關懷，和對臺灣這塊土地的熱愛，以繁複優美的臺灣古厝建築為例，他將之簡化為彩墨流動的韻味之美；同時因為他在全臺熱心奔走，呼籲保存臺灣各地珍貴的傳統建築，不但適時留下許多傳統古厝，也因而引領重視鄉土藝術的風潮，他豐富的創作更成為戰後臺灣藝術重要風格之一。

　　建築是造形藝術的綜合體，與日常生活息息相關，其建築型態更具象徵意義。林家花園顯示出移民社會與祖居地的牽連關係，其建築移植故鄉的美感，顯示對故鄉的懷念，但在臺灣土地落地生根，開創了新的生活，因此有了新的美感形式與意涵。

（六）「固若金湯」／戰地建築與閩式聚落

　　在各種建築形式中，以防禦為目的所規畫的「戰地」工事，呈現的是另一種獨特空間環境氛圍。自古以來臺灣地區因位居海峽要衝，加上歷史因素影響，造就了不少特殊的建築型態。

　　尤其是金門、馬祖前線，在近代戰爭型態的改變下，以國家安全、國防優先為前提投入大量部隊人力，所構築的碉堡、坑道和營舍與各類戰鬥、運補、民防等工事，包括觀測所、雷達站、教練場及反登陸的設施，從駐軍部隊到居民住屋，形成軍民一家的支援體系，塑造了可觀的戰地風貌。

　　金門是閩南沿海的一座島嶼，從晉代即有福建人士渡海避居的記錄，宋朝開始辦學建祠，歷經各代的經營使金門文風興盛，現存祭祀南宋理學家朱熹的朱子祠是一實證，清康熙二十六年（1687）設立的朱子祠，原位於浯江書院內，是金門人感念朱熹教育金門之功而建。

左上圖 /
金門民宅

左下圖 /
感念朱熹教育之功
而建的朱子祠

右下圖 /
做為戰地精神象徵
的莒光樓

金門戰地的
花崗石醫院

　　金門的發展建設、歷史均與戰爭連結，往昔為防犯海盜、倭寇侵擾，於明代興築城鞏固海防，禦寇防盜，以金門城「固若金湯，雄鎮海門」之形勢，取名「金門」。

　　國共內戰，兩岸對峙，金門成為最前線，金門數次的戰役，更是兩岸分治的分水嶺。戰役所留下的戰爭文物很多，目前古寧頭戰史館、八二三戰史館分別展示當年戰役留下的戰車武器、文物、圖片資料等，讓人深刻感受當時戰事的慘烈。而造型典雅、城堡式建築的莒光樓則是戰地精神象徵，是金門的代表地標之一。

　　長期籠罩在戰爭陰影下，使金門處處可見因戰事需要所建構的地下防禦坑道與碉堡，如翟山坑道、九宮坑道等戰備水道及花崗石醫院等。海岸邊設置了反登陸樁，馬山觀測站與對岸隔海相望，戰爭一觸即發的緊張氣氛仍十分濃厚，是戰地特殊景觀的代表。

　　戰地馬祖則是另一個實例，小小的島嶼卻擁有世界罕見高密度的坑道。四通八達的坑道，是在國共戰爭背景下所構築的堅強防禦工事，目的是藉此保存戰力於地下。

　　由花崗岩構成「八八坑道」原是先民躲避海盜的藏身山洞，國軍進駐後改為戰車坑道。1971年完成的南竿「北海坑道」則以「井」字型規畫，高18公尺、寬10公尺、步道全長700公尺、水道640公尺，當年在

被譽為「地下碼頭」的馬祖北海坑道（林發正攝）

有限的工程技術、條件下，於堅硬的花崗岩鑿出坑道，幾乎全靠著軍隊人力一鑿一斧完成，外人很難想像工程之艱鉅。現今已開放觀光的八八坑道，入口處排列了馬祖酒廠窖藏老酒與高粱酒，坑道的穩定恆溫成為最佳的貯藏酒窖場所；北海坑道內部則可以停泊一百二十艘小艇，被譽為「地下碼頭」，沿著步道進入可體會昔日開鑿時官兵投入的鮮血與汗水，造就這般鬼斧神工的軍事工程，讓人感受無比悲壯的色彩。

戰地景觀的另一個特色是軍方興建的據點與射口，由於視野遼闊，海天一色，很適合遠眺觀景，近年來，馬祖已將廢棄據點進行整修與開發提供觀光需求，包括南竿的鐵堡、大漢和北竿的大膽等據點，都已陸續整建完成。

從早期的傳統花崗岩、石頭屋住宅建築，設置隘門等防盜匪措施，到現代因應戰事的需求，地上碉堡、地下坑道工事密佈全島，形塑出「戰地」獨特的風情。金、馬兩地島嶼的開發受戰爭因素影響，防禦功能為首要；歷代以來離島建設核心皆為「前線」的宿命角色，一直無法擺脫背後緊張的戰爭氣息，昔日戒備森嚴、外人很難越雷池一步的戰地據點與防禦工事特殊建築，在兩岸緊張關降低後，也才得以展現在世人面前。

金門戰地的文化櫥窗

　　金門因島嶼地形因素，各項發展受限，19世紀末起居民即移民至東南亞、日本等地謀生，在外地功成名就後，鄉民們常思回饋故鄉，匯款興建住屋及協助推動教育工作。旅居日本的山后村王國珍、王敬濟兩代，於1870–1930年間陸續建築當地人稱為「十八間」古厝的例子，最為人津津樂道。

　　王國珍經營的事業體十分龐大，以神戶為基地，並於廈門、上海建立商號，其分支機構遍佈中國沿海，貿易網絡甚至涵蓋南洋新加坡、越南、印尼等各埠。

　　建於1876年（清光緒二年）的「十八間」，由十八棟閩南古厝組成，提供給族人們居住，包括十六棟二落大厝、一棟三落大厝及一棟王氏宗祠，當年聘請唐山師傅施工建造歷時二十五年完工。十八棟閩南古厝全部依山面海，以棋盤式排列，建築群厝厝相連、巷弄相通，燕尾屋脊古意盎然，整體景觀優美；建材多採厚實花崗石砌築壁牆及各角落隘門，是山后建築群的一大特色，同時反應了昔日聚落防禦的功能性考量。

　　今日改稱「金門民俗文化村」的山后建築聚落，由巍峨聳立的牌坊進入，整齊劃一的聚落外觀展現眼前，建築物包含泉州白砌牆、交趾陶

建於清光緒二年的「十八間」外觀

壁飾、斗拱隘門等，木石雕琢精細，十分有傳統建築特色；依其功能分別設置：民俗文物館、禮儀館、武館、歷史文化館等七個館，目前尚有十棟住屋有王氏親族居住，是一個活的民俗文化村。

經商致富的王家，除了起大厝也熱心興學，創辦鄉塾「海珠堂」，民國時期稱為「海珠學校」；「王氏宗祠」則是山后聚落中最精緻的建築物，完全依「龍脈」地理、風水設計，宗祠右前方還可見「龍首石」；建築型式格局採左右對稱，空間布局則依序為山門、天井、翼廊、正殿，山門臺階、門柱、牆面、石鼓或石獅，使用花崗石建材進行雕製，整體華麗多彩。

祠堂內部建築結合了中國傳統建築語彙及工匠藝術的精華，無論木石結構的棟架、瓜柱、斗拱、托木與樑柱，雖然久經歲月，仍呈現工藝技術的高超與精巧；各項雕飾、泥塑和彩繪飾品栩栩如生，處處顯示出典雅、高貴氣質，也反映王國珍父子的富貴豪氣。

▌芹壁聚落的石頭山城

「藍眼淚」和花崗岩是馬祖最為人樂道的島嶼特色，馬祖東莒的

福正沙灘、北竿橋仔、芹壁沙灘，南竿津沙沙灘、仁愛鐵堡海岸等地，每年4至5月間的夜晚會出現海上奇景「藍眼淚」，螢光色的藍點點綴在海岸邊上，隨著海浪拍打閃爍，獨特的色彩在夜空下，像是星河般美麗。

「藍眼淚」是介形蟲或渦鞭毛藻在海浪驚擾下所發出的淡藍色螢光，群聚形成的自然現象；馬祖人以前稱為「丁香水」，因為當它大量出現，丁香魚群就會過來吃食，馬祖人便能補獲大批丁香魚。

馬祖島嶼主要由花崗岩類岩石所組成，花崗岩質地堅硬，不易風化，用來做為建築材料極為堅固。花崗岩石頭屋隨地勢而建，層層相疊、錯落有致，外形似石頭印章，故稱為「一顆印式」建築；石牆的堆砌有平砌、人字砌等不同工法，石材整齊平整，通風透氣，所以又稱會呼吸的房子。許多石牆上至今仍保國共內戰時期的軍事標語，呈現特殊的戰地風情。

閩東家屋樣式的芹壁聚落，早年村民以捕蝦為生；國共內戰時擔心砲火無情，許多居民離開家鄉；70年代漁業沒落，人口外流嚴重使聚落逐漸荒廢，反而使村落風貌保存下來。芹壁聚落背山面海，小海灣、依

左頁由上至下圖／
1.金門民俗文化村牌坊
2.金門地區常以花崗石砌築屋牆
3.民俗村內精巧的牆飾
4.民俗村內部陳設

芹壁地區的花崗岩地形（施貴鳳攝）

山而建的村落、龜島，組合成一幅絕美畫面；1997年聚落保存觀念興起，老屋紛紛修復完成，鱗比櫛次的花岡石住屋，紅色屋瓦加上灰白厚樸牆面外觀，襯托著海水、古樸的石頭山城獨具典雅柔和之美。

　　水彩畫家陳東元作品〈清晨（北竿芹壁洗衣老婦）〉，除了描寫芹壁花崗岩的石屋造形與雅致色澤，同時觀察到當地日常生活——老婦人數十年如一日利用清晨到鄰近溪邊洗衣的習慣，以及聚落純樸的民情，形成芹壁獨特建築與人文景觀的畫作。

第 **3** 章

美食│鄉味

味覺經驗來自食物的美味，
家鄉味則多了一份情感。
食物結合美感創意，
貴在物我合一的境界。

臺灣夜市聚集吃喝玩樂各種攤位（陳念舜攝）

第三章

　　「吃乎飽、穿乎燒」是一句臺灣諺語，指的是吃飽、穿暖兩件平凡的日常生活事物；「吃飽未？」則是臺灣人經常掛在嘴邊的問候語，道出早年農業社會物質生活艱困，家中人口食指浩繁，家長為了張羅三餐已耗盡心力，因此吃飯與顧及全家溫飽是日常生活中的大事。

　　飲食除了飽足的需求，進食過程中味覺、嗅覺、視覺各種感覺融為一體，很容易獲得感官的愉悅；而長期習慣的食物口味，也易喚起我們腦中記憶的味道。

（一）家鄉味與創意料理／臺灣的飲食美感

左頁圖／
布農族處理狩獵來
的肉類

臺灣飲食文化名聞遐邇，融合了臺灣在地與原住民食材、中國大江南北菜色，甚至異國餐飲等廚藝；從簡單到精緻、由古老傳統改良成創意料理，應有盡有，堪稱集世界各地菁華總匯。

原住民傳統飲食方式是最早的臺灣味，食材皆取自大自然，除了漁獵獸肉，舉凡山間的龍葵、過貓、昭和草、月桃、香蕉葉、假酸漿葉、山蘇、秋葵、朝天椒等野菜，甚至田間的蝸牛、青蛙均可入菜，溪河中的魚蝦、海邊的海草貝類，都是大自然賜予的珍饈。各族的烹調方式各有不同，多半以水煮、火烤，有些加上醃漬，最常用的調味就是灑上鹽巴。烹煮工序簡單，卻發展出獨具特色的傳統美食，像排灣族的「吉那富（chinavu）」、卑南族、魯凱族的「阿麥（avay）」，阿美族的「阿里鳳鳳（alivongvong）」，泰雅族、賽夏族和鄒族也有竹筒飯等。

臺灣庶民飲食文化的成型，起因於清代閩、客移民增多，聚落內香火鼎盛的寺廟不僅是信仰中心，也是人潮集中據點，各種庶民小吃攤位應運而生，像基隆廟口夜市、臺北華西街和士林夜市、新竹城隍廟等，

左下圖／
魯凱族嘉蘭頭目結
盟使用avay

右下圖／
太魯閣族三棧部落
製作竹筒飯

左至右圖
夜市小吃——
滷肉飯、
炸豆腐、
米糕。

都是由寺廟發展而來、以小吃為主的夜市文化。如今全臺各縣市均有夜
市，且規模愈來愈大，除了聚集南北小吃，各地業者也絞盡腦汁創新美
食或飲料，打造在地特色。李奇茂的水墨〈大夜市〉即是描寫臺灣夜市
的作品——華燈初上，各式小吃攤位或地攤擠滿人潮，民眾坐著大啖小
吃，邊吃邊談天說地，呈現一幅幅庶民日常生活景像，熱鬧而溫暖。

　　臺灣小吃與夜市文化共伴而生，不但種類多樣化，也是臺灣庶民
生活中最具代表性的飲食櫥窗，例如臭豆腐、蚵仔煎、蚵仔麵線、炒米
粉、甜不辣、擔仔麵、潤餅、燒仙草、魚丸湯、筒仔米糕、花枝羹、肉
圓、滷肉飯、雞肉飯等，皆是臺灣風味獨特的小吃，味美且價格大眾
化，是臺灣民眾熟悉的家鄉味。

家鄉味與食物美感

　　1949年國民政府遷臺，
湧入新一代的中國大陸移
民，同時帶來了大江南北風
味的中華料理，各省籍的軍
人、眷屬在各地群聚自成生
活圈，形成獨特的眷村文
化。眷村宛若一個大家庭，
大家同甘共苦，一起分享悲
喜憂歡的日子，雖然生活清

臺灣夜市聚集各種
攤位（陳念舜攝）

苦，主婦們仍盡心烹調三餐飲食，彼此交換菜色、分享家鄉料理，因此
發展出融合大江南北菜色的「家鄉菜」。

　　一些退役的榮民則分散到各地自謀生活，有的選擇與當地原住民婦
女共組家庭，使村莊人口組成多元化。作者少年時期居住的村莊就以卑
南族為主體，加上陸續移居的閩、客及各省族群組成，餐桌上經常有隔
壁榮民伯伯送來的山東味麵食水餃、雲南菜，卑南族mumu（祖母）做的
「avay」，母親也會做「鹹粿」、「菜頭粿」回饋左鄰右舍，大家分享各
地家鄉美食料理。

跨頁圖／
李奇茂　大夜市
1991　水墨
設色、紙本
53×230cm
（李奇茂提供）

這些「家鄉菜」食材來自臺灣各地,料理方式與口味則是榮民伯伯記憶中的原鄉味道,創造出中華料理食材混搭的契機,例如「川味牛肉麵」、「蒙古烤肉」等,雖然在四川、蒙古找不到此等料理,卻是外省移民思念家鄉的想像與記憶中的鄉愁滋味。

食物因緣際會的結合,創造了臺灣飲食的多樣化。舉牛肉麵為例,無論是清蒸、紅燒,以及牛肉湯頭添加水餃、鍋貼等各式各樣的料理方式,變換出多層次味覺,成為臺灣著名小吃,還曾舉辦過「臺北牛肉麵節」,邀請牛肉麵業者參與,比廚藝也推廣這項特色美食。

隨著環境變遷與融入臺灣社會,包括四川、北平、江浙、湖南、福建、廣東、雲南等各省料理,擁有獨自的烹調方法,例如煸、燴、煎、拌、烤、炒、蒸、爆、烤、涮等多樣,或重視火候與切功,或講究入味與色香味俱全,做出了著名的富貴火腿、左宗棠雞、東坡肉、雪菜百頁、紹興醉雞、北京烤鴨等,另外結合臺灣豐富的漁產,以海鮮配上清粥小菜饒有地方特色的料理,形成所謂「八大菜系」,為臺灣飲食文化的最大特色。

畫家張大千的潑墨山水享譽國際,除了畫藝,他也善烹調美食,且常藉食物論畫藝,將生活上烹飪食物的心得轉化為水墨創作,抒發對藝事的執著並傳遞真實感覺。他畫的〈白菜〉即以寫意方式表達他對日常簡單食材的愛好,張大千引用中國書畫家石濤的七言絕句:「冷澹生涯本業儒,家貧休厭食無魚。菜根切莫多油煮,留點青燈課子書。」闡述他對食物與人生態度。

遠離大陸家鄉的張大千,一生遊歷歐美諸多國家,與西洋藝術家論藝;也曾旅居南美進行創作,開闊的胸襟、眼界與涵養,是他創作千山萬水的底蘊。晚年在臺灣自由安定的環境下重新找到新的創作元素與途徑,如同臺灣的料理演變,加入在地食材,反覆琢磨試煉,使畫藝達到出神入化的境界。

▌混搭的創意料理

飲食講求色香味俱全,既要通過嗅覺、味覺來評斷,也要符合視覺

張大千　白菜
1965
水墨設色、紙本
52.7×40.6cm
（藝術家出版社提供）

的美觀需求，在飲食日愈精緻化下，對於原生食材的味道與感官之間的
距離愈形漸遠；近年來養生飲食風氣與多元食材混搭的現象受到普遍歡
迎，尋找回歸自然的飲食與創意料理的出現，可為這波混搭食材風潮寫
下註腳，由原住民部落飲食文化的轉變可看出一些端倪。

　　今日臺東各族群原住民部落經常使用當地野菜食材，結合不同的料
理元素與烹飪技藝，開發符合現代人口味的食物，例如洛神花麵包、野

排灣族的風味
飲食chinavu

菜披薩等或用傳統煙燻技術，做出松木烤肉、烤肉飯等，發展出當代原
住民美食。

　　過去阿美族住家的前後多半會種樹豆，族人常煮樹豆湯增加營養。
芋頭乾則是魯凱族人將收成的芋頭加工烘烤的食物，上山狩獵時加水煮即
膨脹，吃起來很有飽足感。近年來新推出的原住民料理「烤山羊肉腸」，
即是以樹豆、芋頭乾為佐料，結合芋頭香味跟羊肉汁的美味料理。

　　羊肉是布農族人主要肉類來源，以往用大鍋煮食，現代改將羊排精
製料理，製作「西里衣夏娃努（siriysianu）」，意即沐浴在蜂蜜中的羊
肉，這即是布農族的「蜜汁烤羊排」。

　　泰雅族的創意西餐料理「小牛腓力」，食材採用土當歸和馬告，香
味十足。「馬告」是泰雅族人的傳統香料，為臺灣高山原生香料，又稱
山胡椒，果實揉碎後有一股清香，帶點檸檬的味道，現今族人將山豬肉
以馬告進行醃製，再用石板烤熟，不用加其他佐料，即能呈現清爽簡單
的自然原味。

　　原住民常用的食材刺蔥，具有刺鼻的蔥及薄荷味，但以刺蔥來煎
蛋、包水餃，則能創出不同的味覺變化；創意菜色「柴燒油封野山豬
肉」、「稻燻鵪鶉」則使用傳統燒烤和煙燻技術，賦予刺蔥原有的特殊

香氣更多層次，提升傳統香料的應用方式。

　　臺灣五葉松葉擁有豐富纖維及不飽和脂肪酸，可淨化腸胃，帶有麥草的香味也適合製成飲料。「烤放山雞襯五葉松」以雞汁混合五葉松葉，煮熟後去除雜質，兩者結合的味道成為具地方風格的特色醬汁，淋在放山雞上，吃起來皮脆肉嫩風味獨特。

　　另外以窯烤並加入原生種臺灣香檬（又稱山柑仔）的方式處理溪魚，帶著橘香的味道令人口齒留香。至於餐後甜點「火龍果」，也以本土出產的火龍果製作慕絲、果醬或奶酪，整體餐飲既可製成西式餐宴，也可以如同中式餐飲，重要的是享受在地食物的美妙和甜美滋味。

　　時下原住民開的精緻美食餐廳相繼出現，新生代原住民旅外學藝，結合異國烹調技術，融合在地食材與醬汁，開發出山林間原味的創意料理，用餐環境以西式餐飲情境呈現，打造時尚的飲食風格，使年輕輩趨之若鶩，屏東魯凱族新好茶部落推出結合「魯凱」與「法式」的餐飲就是頗受歡迎的實例。

原住民族改良的現代
餐飲，美觀而豐盛。

現今民眾藉著交通便捷行走世界各國，品嚐了各地的奇珍料理。隨著民眾對不同飲食文化的接觸機會及接受度提升，臺灣的飲食文化也愈趨多元，包括發揚日治時期引入的和式料理，戰後風行的美歐式料理及最近興起的韓、印、泰式料理。另外，隨著新住民從越南、印尼等母國輸入臺灣的傳統食物，不僅豐富了臺灣人的飲食，也逐漸改變臺灣民眾的飲食習慣。飲食文化在臺灣已從傳承家鄉味，提升到講究創意料理的「飲食美感」境界。

臺灣是水果王國，
地攤上販售的水果
種類琳瑯滿目。
（王庭玫攝）

（二）鳳梨＋釋迦／臺灣水果王國

　　臺灣民間喜愛將水果與吉祥話連結在一起，俗諺「吃棗，年年好」，即「棗」和「早」諧音，在喜慶或結婚時頗為吉利；又如鳳梨發音與「旺來」相近，用在拜拜或者大發利市很適合，因此以鳳梨造形製作的「旺來」裝飾品最受市場店家歡迎。

　　臺灣出產的水果眾多，整年都有當令的水果上市，釋迦、香蕉、鳳梨、芒果、文旦、葡萄、木瓜等，這麼一個水果王國背後，早期居然僅有原生種楊梅在臺灣低海拔山區分布，留下來的線索即桃園縣的楊梅鎮，因早年擁有豐富的楊梅樹林而得名，但現在樹林早已消失殆盡。

　　水果王國美名的背後，是世代打拚的農作技術、經驗所累積下來的

農業底蘊。中南部盛產的香蕉曾經是出口大宗，香蕉在臺灣的栽培史起點，相傳是明清之際由閩粵移入；香蕉的產業化則自日治時代發端，以供應日本內需為主；1960年代臺灣香蕉產業達到全盛時期，外銷日本仍占多數，所得利潤頗豐，讓產地旗山的蕉農們荷包滿滿。

香蕉除了是水果，還可做為纖維物品。花蓮新社的噶瑪蘭族由香蕉樹取其假莖瓣膜、刮絲，經過日曬後撕成蕉絲，再分線、接線，透過整經、紡線、織布等過程編織香蕉絲衣（tenun）、背袋等物品，是早年物質缺乏時期重要的手工藝，也是噶瑪蘭族最珍貴的傳統技藝，香蕉絲織布已成為

右上圖／
香蕉

右下圖／
剝香蕉絲

左上圖／
香蕉絲

左下圖／
香蕉絲袋

今日噶瑪蘭族文化復振的象徵。

　　探尋臺灣水果的身世，有一段頗為奇特的淵源。很難想像目前早已被認定為道地臺灣水果的釋迦、芒果、蓮霧及番茄等，竟然是當初荷蘭人帶入的外來物種；從荷蘭時期迄今，無論農政官員、農技人員或農民，不畏辛勞陸續從世界各地引進各種水果到臺灣種植，而後再經改良育種，選擇最適合的土地、氣候環境栽培，才有今日琳瑯滿目的盛況。清代中國大陸移民到了臺灣這塊新故鄉，在開墾的農地上種植龍眼、荔枝、西瓜、柚子、柿子、桃子、李子、梅子等原鄉水果；日治時期臺灣的水果栽培進入另一個境界，經由引種、育種和改良研發，開拓水果的專業栽培，使臺灣的鳳梨和香蕉成為馳名國際的農產品。

林惺嶽　國色天香
2011　油彩、畫布
197×333.3cm
（藝術家出版社提供）

　　戰後隨著臺灣農業技術一日千里，水果栽培及育種改良技術進展頗速，臺灣派出的農耕隊除了在世界各國指導農耕，也積極找尋適合臺灣栽種的水果品種，引回來試種改良；1960年中部橫貫公路通車，榮民們始在海拔2000公尺以上的高山進行溫帶水果種植，使過去仰賴國外進口的水蜜桃、蘋果、水梨等紛紛出現，帶動起高山農業發展。

　　水果除了可食用外，也是民間拜拜不可或缺的應景物品，以果肉豐富的西瓜等雕刻而成的水果雕，則常見於宴會活動場合，這類貼近庶民生活的美化布置，具有實用性的效益，也是裝飾美感具體之應用。

　　畫家林惺嶽曾以臺灣著名的水果做為創作主題，大家熟悉的木瓜、蓮霧、芒果、香蕉皆成了畫布上的主角，藉水果反映臺灣風土與民情。作品〈國色天香〉描繪了野外生長的木瓜樹，充滿了原始生機與活力，也讓人感受到畫家對臺灣土地深厚的感情。

左頁上圖 /
野生木瓜

左頁左下圖 /
以西瓜做水果雕的
情形

左頁右下圖 /
蓮霧（王庭玫攝）

▋ 水果的美感與價值

　　靜物的觀察與描繪，是訓練繪畫技巧的重要過程，除了培養眼手合一的繪畫基本功，靜物畫也是畫家個性投射的途徑之一。水果向來是

靜物題材繪畫的重要角色，臺灣資深畫家的作品中經常使用。吳承硯曾以色彩豐富且熟練的筆調所描繪的〈靜物〉放置於盤子裡的水果，包括芭樂、草莓、葡萄和柑橘等，背景則為小花瓶與酒瓶、酒杯，在藍紫色桌巾的陪襯下，顯得甜美極了；陳德旺〈水果籃與靜物〉以洗鍊的筆觸和甜美色彩，畫面由左而右斜出，呈現獨特的視角與空間感，桌上提籃中的水果靜物，以紅黃暖色為主調，但仔細觀察則色彩內容相當複雜細緻；比較後期的作品〈玫瑰花與靜物〉採用深沉靜謐的藍色調，刻意降低玫瑰花與水果的彩度，反映了畫家心境，是令人靜心凝神的「靜物」美感。

　　除了觀賞的視覺美感，水果的經濟價值更是農民的收入來源。香蕉是世界上最古老的水果種類之一，進入高雄旗山地區沿途就可看到一片蒼翠的香蕉園，結實纍纍的香蕉掛滿樹上，景像特殊而秀麗。因為當地土質和氣候適宜，旗山人種植香蕉已有百年以上歷史，盛產時期幾乎家

陳德旺
水果籃與靜物
1960
油彩、畫布
45.5×53cm
（藝術家出版社
提供）

家戶戶都投入採收，送到農會集中包裝運送外銷。日本人對臺灣香蕉十分喜愛，因此香蕉大多銷日賺取外匯，促使旗山經濟發達，也造就旗山「香蕉王國」的美譽。

　　香甜可口的熱帶水果鳳梨，最早是在明朝末年由大陸移民引進臺灣種植。屏東沿山公路、臺南關廟、高雄大樹、嘉義民雄和南投名間是臺灣鳳梨的五大著名產區，其中成名最早的要屬關廟，所出產的金桂花、蜜寶和金鑽鳳梨風味相當特殊。對於溫帶國家的歐洲人而言，不容易吃到鳳梨，隨著鳳梨罐頭問世，歐洲人得以品嚐香甜鳳梨的滋味；1902年日本人在鳳山設立臺灣第一座鳳梨罐頭工廠，開啟臺灣鳳梨罐頭業發展，所製罐頭除了銷往亞洲各地，更積極開拓歐美市場，使臺灣鳳梨罐頭出產量在1940年代達到最高峰。戰後高雄縣境內的鳳梨罐頭工廠整併，幾乎全部遷至東南亞。

　　在臺灣工商產業起步之前，香蕉與鳳梨等農產品輸出，為我們拓展

陳德旺
玫瑰花與靜物
1980-84
油彩、畫布
40.5×53.2cm
（藝術家出版社提供）

了外銷的灘頭堡，臺灣水果栽培技術也隨著經濟發展一日千里，不但成為民眾日常生活中不可缺少的食物，近年來臺灣水果更以內含豐富纖維質、維生素或其它營養素，以及擁有甜美或酸澀的特殊風味而打開國際市場，蜜棗和釋迦便是新興的明星。

蜜棗為臺灣南部重要的水果物產，高屏兩地產量占全省76％，日治時期即有栽培紀錄。而高雄大崗山生產的蜜棗品質優越加上抗氧化強，維生素C豐富，且產期長達六個月，逐漸打響內外銷市場，近年來更以「臺灣蜜棗」之名加以大力推廣，望能行銷國際。

▌鳳梨＋釋迦

原產於熱帶美洲的釋迦，原名番荔枝，清代文獻上即已記載此種水果，臺灣民眾認為其外觀有許多突起的圓形塊狀，形似釋迦牟尼佛頭部，因此取名「釋迦」；另有一說是由於釋迦的印尼語為「srikaya」，當初荷蘭人自印尼引進時便採用臺語音譯稱呼此水果。

釋迦果實生硬，成熟後即變軟，撥開後果肉內含堅硬種子，肉質雪白口感綿密，香甜又帶點微

郭柏川　釋迦果
1950　油彩、宣紙
23.5×27cm
（藝術家出版社提供）

酸。適合於熱帶地區栽種，因此多分布於臺灣東部及南部，尤以臺東種植的最多、品質最為優良，為臺灣釋迦主要產地。

　　1965年臺灣引進鳳梨釋迦試種，花東縱谷自初鹿以南到太麻里間的30公里，土質養分優異，冬天中央山脈擋住東北季風，鄰近海域又有黑潮經過，氣候溫和，且位居中央山脈與海岸山脈之間的縱谷型氣候日夜溫差大，最適合種植，沿途種植鳳梨釋迦多達1800公頃。

　　鳳梨釋迦有釋迦的甜味與鳳梨香味混合而成的特殊風味，極適合國人口味，原本引進的品種為夏季果，經過臺東農業改良場不斷研發，於1995年開發出人工授粉技術。改良後的鳳梨釋迦果形更圓潤，並調整為冬天結果，對行銷有極大助益。2008年就已超越鳳梨、芒果等主要大宗出口水果，成為全球鳳梨釋迦出口第一大國。

左頁由上至下圖／
鳳梨釋迦、蜜棗、
鳳梨。

鳳梨裝飾品是社
會祈求大發利市
的象徵

　　無論是取鳳梨諧音，創造出民間流行的「鳳梨好采頭」喜慶掛飾；
或者不斷研發改良，使鳳梨釋迦成為外銷水果的明星，在在表現出臺灣
社會研發的活潑創意與美感經驗的實踐精神。

（三）討海捉魚／臺灣族群的魚文化

　　「討海人」是對靠海維生漁民的稱呼，向大海討生活是多麼艱辛的
工作，不但得面對海上浪濤起伏的險惡海象變化，還得在茫茫大海忍受
孤獨與寂寞，才能換取養家活口的經濟收入，陳輝東的油畫〈豐收烏魚
季〉，便深刻描繪沿海漁民合力捕撈烏魚的艱辛。臺灣的漁業發展也如
同討海人的辛酸，因臺灣在國際的特殊地位，漁業拓展歷盡千辛萬苦，
秉持逢山開路、遇水搭橋勇往直前的精神，終闖出一條途徑來，將漁獲
行銷世界。

海上捕魚需與大
海搏鬥（鄭國正
攝）

臺灣近海捕撈情形

陳輝東　豐收烏魚季　2005　油畫　146.8×210.8cm（藝術家出版社提供）

魚市場內近海
漁獲豐收一景
（鄭國正攝）

　　莊索的油畫作品〈兩位老漁夫〉，掌握住臺灣討海人的純樸形象與個性，以寫實手法描繪兩位抱著漁獲上岸的老漁民，身著簡單的衫褲，在大斗笠和便帽底下是歷經風霜的臉龐，背景為海洋、漁船，襯托出討海人不畏與大海搏鬥的毅力，同時散發出一股堅忍認命的人生觀。

　　臺灣本土魚類約有三千零八十四種以上，其中海水魚類約兩千八百五十種（占全球15％），近年由於遠洋漁業發達，大型遠洋魷釣船隊、鮪延繩釣船隊規模龐大，總數近兩千艘。而漁民無畏艱辛向海洋討生活，使漁船作業遍布世界三大洋，捕獲魚類最多的是正鰹魚，其次為大目鮪、黃鰭鮪、吳郭魚、鯖魚、虱目魚、長鰭鮪、魷魚、秋刀魚等；多數漁獲物則由設在國外的基地就近進入外國市場，其中捕獲之大目鮪及黃鰭鮪、鰻魚大都銷入日本，長鰭鮪、正鰹魚銷往美國及泰國製成罐頭，市場遍及全世界。

　　魚類除了賜給我們美食佳肴、提供所需營養，美麗的魚類也帶來繽紛多采的視覺享受，以及紓壓療癒的功效。色澤艷麗的鯉魚和熱帶魚是觀賞魚的大宗，人們喜愛在庭園裡飼養鯉魚，多變的花色讓人心曠神

莊索　兩位老漁夫　1977　油彩、畫布　100×80cm（藝術家出版社提供）

觀賞魚類優游的姿態可以療癒身心

怡，施翠峰的油畫〈游魚〉、林玉山的膠彩畫〈雙鯉圖〉，畫的都是美麗的鯉魚，透過魚兒自在優游於水中，流露出畫家對悠閒生活的嚮往與美的追求。在辦公室或居家擺設一座魚缸，欣賞熱帶魚鮮艷亮麗且令人眼花撩亂的色澤，往往帶給我們無限樂趣。近年來人工養殖技術提升，業者以獨到的美感經驗做為育種基礎，培育出新品種的鯉魚在國際上大放異彩。另外，新品種神仙魚「粉紅天使」，是從臺灣近海的軸孔珊瑚身上找到粉紅色的螢光蛋白基因，使用顯微注射將基因轉殖到神仙魚的魚卵上，小魚出生後便能發出迷幻的粉紅色螢光，如同魚缸裡的小精靈，惹人喜愛。

　　藉著人與魚的互動，進而產生自然療癒功效，在久遠時期東海岸都蘭阿美族人就懂得以捕魚的生活模式，進行實質的自然療癒工作；每年3月起至10月東北季風來臨前，族人以祖先流傳下來的海洋知識觀察海流潮汐，在附近海域划著竹筏捕魚，婦女們則在岸邊採集底棲生物供家人佐餐。

　　7月間部落舉辦豐年祭，活動前後皆會舉辦「巴歌浪」儀式，用意是迎接和結束祭典，大家回復到正常生活；另外族人生命中的重要事件例如婚、喪後，也都會舉行「巴歌浪」儀式，屬於家族的事就會動員家族成員，如果是部落就全體到海邊或溪邊捕魚、採集，同時就地搭起「達魯岸（草寮）」輕鬆悠閒地進行野餐。族人經過「巴歌浪」儀式的洗禮──透過捕魚、休息過程，把遭遇到不管是悲哀、歡樂藉由自然進行療癒，調整心情後重新回歸日常生活。這種以傳統祭儀做為生命循環的區隔形式，阿美族人已沿用多年，甚至醞釀出與海洋相關的文化和藝術表現。

　　從養魚到吃魚、沿海到遠洋，捕魚船在大海上以血汗換取漁獲，也

為我們掙來經濟的改善與對美食的追求；由阿美族產生自然療癒的人魚互動模式，到以美感經驗養殖鯉魚，進一步應用基因轉殖生物科技創造新品種神仙魚，為我們帶來抒壓與療癒，讓更多人看到臺灣人的勤奮努力和無畏拚搏的精神。

▌ 魚的信仰與文化

　　臺灣四季盛產不同的魚類，春天常見的魚類包括紅甘、鯧魚、鯽魚等，夏季為石斑、鰻魚、紅目鰱、鮪魚、赤魚宗、剝皮魚等，秋天以秋刀魚、鮭魚為主，冬天則以鱸魚、旗魚、鯊魚及烏魚等。東海岸因為黑潮洋流經過的良好天然條件，帶來不少洄游魚類，其中最特別的是旗

臺東成功鎮獨特的「旗魚神」信仰（鄭國正攝）

魚，世界上十二種旗魚類別中，臺灣就可見到六種，當10月東北季風來襲，一波波豐沛的旗魚湧入臺東成功鎮海域，漁民們忙著出海捕旗魚，勾勒出一幅豐饒的畫面。

　　成功漁民捕旗魚大致為四種捕撈方法，包含流刺網、延繩釣、定置網及「鏢旗魚」。古老傳統的鏢旗魚技術據說源自日本，以「三叉魚鏢」

漁民在特製的鏢臺上準備鏢魚（鄭國正攝）

鏢魚，不僅全臺、甚至世界其他各地皆屬罕見——漁民們站在漁船船首特製的鏢臺上，只用兩腳支撐，隨著浪潮顛簸有時高低落差達數公尺的情況下觀察旗魚蹤跡，當旗魚「背鰭」現身浮出水面時立刻通知船長，驅船追尋並掌握時機下鏢捕魚，鏢魚手與海浪、旗魚搏鬥的驚險畫面，一直是成功鏢旗魚最大的特色，也因為這項技術的危險性，年輕輩大都不願接手，可能成為下一波失傳的海洋漁業文化。

　　由於旗魚與當地漁民生計息息相關，成功鎮發展出獨特的「旗魚神」信仰。木製的旗魚外型雕塑，2000年間居民奉「萬善爺」託夢指示，雕製一尊長3.6公尺、重200公斤的木製旗魚神像供漁民祭拜，神像平日供奉於成功鎮萬善爺廟內，保佑漁民年年豐收、出海平安；每逢元宵節或

旗魚祭時漁民將旗魚神抬出繞境祈福（鄭國正攝）

右頁上圖 /
郭柏川　黑尾冬魚
1957　油彩、宣紙
30×36.5cm
（藝術家出版社提供）

右頁下圖 /
劉其偉　雙魚座（二）
1996　混合媒材、棉布
38×50cm
（藝術家出版社提供）

地方舉辦的旗魚祭，漁民們抬出旗魚神遶境祈福，居民們爭相觸摸旗魚神，據說會帶來好運。

　　早期的工藝家即結合實用功能將魚畫在瓷盤上，既可飽餐也可欣賞；畫家也喜愛以魚入畫，如郭柏川便常以魚作為表現題材，繪製包括〈小飛魚〉、〈黑尾冬魚〉、〈紅目鰱魚〉等各式放置在盤上的魚，應是其日常生活中經常出現的事物，反映畫家可能喜愛魚或者愛吃魚的嗜好。另一位興趣多元的畫家劉其偉，除了投入在人類學的研究與田野調查外，其才華也展現於繪畫上。作品〈雙魚座（二）〉有別於一般畫家的魚類寫實靜物，採混合媒材表現魚類獨特的造形和趣味，呈現屬於劉其偉式的個人風格。

捕獲的鬼頭刀
（鄭國正攝）

圖~46一

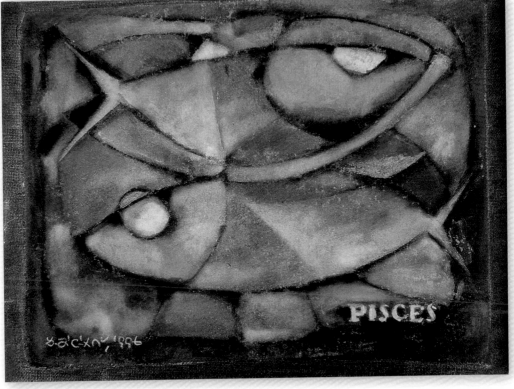

PISCES

魚的情感與魚宴

　　春、秋季節是東海岸魚類活躍的時節，雅美族人忙著捕飛魚時經常也捕獲以飛魚為覓食獵物的鬼頭刀。

　　鬼頭刀游泳速度極快，捕撈的方式以延繩釣為主，每天放、收一次，以虱目魚活餌和魷魚餌引誘其上鉤，捕獲時魚身上炫麗的色彩立即變得暗淡。鬼頭刀一般習性以成雙成對出現，獵食時公魚會讓給母魚吃，因此母魚常先上鉤，有時母魚被釣住，公魚為了保護母魚一路伴隨不願離去，直到母魚被拉上船，有的公魚還會以強大的爆發力跳出水面或躍上海釣船做最後的掙扎，漁人們形容公魚眼中常帶著淚水，讓釣者憐憫之心油然而生，選擇放了母魚回到大海。

　　以食用魚而言，國人的口味偏向做為鬼頭刀活餌的虱目魚。虱目魚肉質鮮美，是臺灣西部沿海漁塭養殖漁業重要魚種，臺南在地畫家陳輝

陳輝東　豐收　2010
油彩　80×116.5cm
（藝術家出版社提供）

東油畫作品〈豐收〉，畫出了一群漁民在魚塭撈捕虱目魚的生動場景，觀察十分深入。

臺南人從早餐起就吃得很豐盛，例如牛肉、羊肉湯和虱目魚粥。虱目魚粥這種平凡的古早味，挑的是在地的新鮮虱目魚，店家清晨就上漁市挑貨，虱目魚通常依魚頭、魚肚、魚腸分開處理，魚骨則煮高湯。虱目魚粥吃起來其實比較像是「飯湯」，米粒有口感並非如稀飯般黏稠，煮粥時先將米飯放入碗裡，淋入熱湯再加上肥美的蚵仔和油蔥酥，一看就令人垂涎三尺，尤其是大塊的魚肚和新鮮的蚵仔味道融入口內更加鮮甜，讓人久久難以忘懷。

作者的父親生長在福建，是個四面環海的海島，他生前告訴我們的故鄉事不多，倒是愛吃魚的習慣令人記憶深刻，母親為了父親吃魚的嗜好，三餐幾乎都有魚上桌，為了變化各類烹調更是練就了十八般廚藝。我和父親曾有過一次吃虱目魚粥宴的難得經驗，當年我到臺南讀書，鄉親們合辦了一場接風宴，席上家鄉菜就是煮了大鍋的虱目魚粥，那次父親吃得滿意極了，好像離開生長土地後終又再次嚐到故鄉美味一樣。虱目魚粥已成老饕或觀光客最愛品嚐的臺南美食之一，到臺南不吃虱目魚粥，就好比入寶山而空手回般可惜。

（四）茶與茶碗／茶文化的情感

　　飲茶文化與臺灣庶民日常生活十分密切，貴客臨門或街坊鄰居泡壺茶待客閒聊乃是人生樂事；生活中以茶葉入菜，茶葉融入滷汁再用來滷成茶葉蛋，是極富地方風味的臺灣小吃；而近年來臺灣社會流行泡沫紅茶文化，大街小巷茶飲店招牌林立，珍珠奶茶的出現更是艷冠群芳，成為揚名國際的臺灣代表性茶飲。

　　臺灣野生茶樹生長於中南部山區，早期農民以簡易技術製茶供自家飲用，清代移民將茶種從福建傳入，在茶苗、生產技術改善下使臺灣的茶業大幅發展，打開臺灣茶輸出的契機。

　　茶葉曾是臺灣農產品與出口的最大宗，從清代起歷經日治到民國政府，多年累積的經驗與實驗，終成為重要產業。日治時期日本人推廣青心烏龍等四大品種，並且大力推廣紅茶種植，在南投縣魚池鄉成立紅茶試驗支所，研究改良印度阿薩姆地區的茶苗；1937年日月潭紅茶以「Formosa Black Tea」為名，在英國倫敦拍賣會獲得很高評價，成功地打開外銷歐美洲等地市場，也曾為日本天皇御用貢品。

　　臺灣由於經濟起飛，生活品質提升，茶飲需求大增，政府在各地設置茶改場機構，負責復原改良茶種、生產綠茶並推廣茶區，改進各種製茶技術，使茶產品多元化。受到這股風氣影響，茶區迅速增加，茶園也因風光怡人吸引民眾前來品茗與賞景，各地茶藝館也如雨後春筍般出現，成為人們重要休憩空間。畫家、茶藝家白宜芳以其美術背景將喜愛的茶園、茶香繪製在茶具上，是美感經驗注入品茗生活的實例。

臺灣茶葉隨著近來飲茶風氣和市場拓展而大受歡迎，其中凍頂烏龍、文山包種、東方美人、木柵鐵觀音、臺灣高山茶、三峽龍井、松柏長青茶、阿里山珠露茶、龍潭龍泉茶、日月潭紅茶等十種知名度較高的茶，被稱作臺灣十大名茶。茶是臺灣人招待貴客的用品，上等茶葉也是饋贈親友的佳禮，從種茶、製茶技術改良、外銷茶葉產品到流行茶飲及觀光休憩、品茗發展，臺灣茶葉發展寫下了完整的傳統產業結構。

　　茶與生活融合為一體，同時也反映在地民眾生活的品味，臺灣社會流行「功夫茶（老人茶）」的茶藝形式，重視泡茶過程中沏、泡茶手藝，以沖出所需要的色香味茶湯，同時講究水質，採用泉水、井水來沖

現代茶藝活動
（白宜芳攝）

飲茶已成為國人重
要的休閒文化

泡，更進一步使用精緻茶具，讓喝茶提升到「茶飲文化」的境界。不少喜愛茶藝者將「茶文化」融合東方禪學，呈現內斂且氣韻綿長的美感與意境，並將之實踐於生活中：除了熱中茶道，也收藏歷代名壺，品茶、傳授茶道的經驗；另一方面將茶藝的美感轉化為創作，藉文學創作或繪畫、陶瓷製作抒發對茶的心得。

　　茶文化在臺灣發展愈形精緻化，從流行美感角度來看，工藝家們無論陶瓷茶器的改良與創新，甚至嘗試以不同的材質為茶器開拓新領域——陳念舟金屬茶具的開發便是一個實例，他由愛好喝茶到研究茶器物三十餘年，不但把握傳統元素，更以當代材質塑造出具現代感的茶壺用具，兼具古樸與新潮之美，讓人喝著「老人茶」之餘也能享受時尚美感。

▌茶園的人文情感

　　有著廣大茶園的花蓮舞鶴臺地，三千五百年歷史的掃叭石柱遺址迄今仍豎立在土地上，隔著秀姑巒溪景緻壯麗天成，當地因北迴歸線經過也設置了地標，構成一處交織著歷史人文與自然景觀的據點。

位於花蓮舞鶴地區的掃叭石柱遺址是臺灣重要的史前遺址

舞鶴地區目前有160公頃的觀光茶園和20公頃的咖啡園，是當地重要的經濟作物。舞鶴的開墾從清代開始，日治時期接續，並嘗試種植咖啡，克服毒蛇野獸、每年颱風及傳染病等帶來的侵擾，終使咖啡及紅茶在荒蕪土地上開花結果，奠定近代舞鶴的茶產業。而舞鶴咖啡最盛時期栽培面積達450公頃，產品大部分銷往日本。茶園內有百年歷史的咖啡樹角落，設有一尊國田正二紀念石雕像，記載1930年代日本人和臺灣人在當地拓墾的故事。雕像由國田正二的兒子國田宏設立，在花蓮度過童年的國田宏，2012年特地帶著子孫到舞鶴為石雕像剪綵，他說父親當年的遺願是「一定要回到舞鶴守護咖啡園。」他要將這段對土地的深情讓子孫們流傳下去。

　　由於舞鶴臺地的環境氣候適合種植茶樹，政府於1973年開始推廣種茶，目前種有金萱、青心烏龍、大葉烏龍等品種；近年來茶農從事無毒農業栽培，並研發出新產品如蜜香紅茶、綠茶、天鶴茶及清香茶等，受到市場歡迎。

舞鶴茶園景觀

▎茶碗與天目碗

　　碗是日常生活必備的器物，也許我們並未特別去關注，但是透過碗的歷史、造形和釉燒色彩，可以得知其背後生活的環境與特殊的時代美感。臺灣約在日治後期開始生產碗盤，曾經是鶯歌陶業出產的大宗，方法沿用傳統手拉坏，燒製溫度較低，釉色的選擇也以傳統的鉛釉為主；1950年代為陶業盛產期，鶯歌的大小窯場曾多達百家以上；1970年代以後飲茶風尚盛行，茶具製作開始受到重視，而供應茶飲需求的鶯歌地區迄今仍是臺灣茶具製造重鎮。

　　時代環境的變化，茶具、茶碗逐漸由實用功能轉為審美欣賞的收藏品。經營茶藝館的陶藝家江有庭鑽研天目茶碗數十年，在臺灣陶藝界頗富盛名，他說天目釉又稱為黑釉、建盞或星盞，據說日本的禪師於唐代到中國取經，從浙江、安徽邊界天目山附近的禪寺帶回日本，所以叫天目茶碗。

　　宋朝茶道盛行，從皇帝、禪師到文人雅士均愛用天目茶碗，明代以後改用杯子喝茶，天目茶碗式微，沒料到在日本卻被復興和保存下來，並成為陶藝極品。天目的釉藥黏性很高易形成氣泡，當氣泡破了形成宛若浮在水面上的油滴，因此也稱為「油滴天目茶碗」。天目茶碗燒製困難度高，溫度、釉色的調配掌握也很重要。江有庭燒製成功的作品釉色包括紅、橙、黃、綠、藍、靛、紫、金、銀色，而且只上一次釉，實在

臺灣早期使用的
茶碗外觀質樸

很難相信它能發出這麼豐富光彩的色澤。他認為尋找多年的天目釉色彩
如今現身，就如同藏了千年一樣，所以取名「藏色天目」。

　　一般茶碗與陶藝家的陶藝創作相比，前者是庶民日常生活器物，後
者則是深具視覺美感的藏家最愛，兩者各具功用，美感與價值意義也不
盡相同。

（五）老口味與信譽／粄條街與米粉寮

農業社會時期村莊內有婚喪喜慶大事，通常
會以「辦桌」方式因應，主人家採買各式菜肴、準
備桌椅，左鄰右舍出動一起分工合作。辦桌料理以
臺菜為主，炒米粉是相當重要的一道大菜，早年物
資缺乏，米粉被視為高級食品，上一盤香氣四溢的
炒米粉，不但能表現主人家的熱情與誠意，客人也
可嚐到美味和吃得粗飽，辦桌文化不難看出臺灣民
間濃厚的人情味。

　　米粉的製作技術早年由福建移民傳入，由於
新竹地區東北季風強勁，獨特的氣候適合製造米
粉，因而逐漸發展成地方性特產。循線去找還可以
發現它的起源和命名也有很意思，新竹米粉的主要
產地以大南勢地區最知名，該地區同時也是新竹米
粉最早的起源地，因而又被稱為「米粉寮」。

炒米粉是辦桌不可
缺的美食

1980年代一貫化機器設備出現，加上烘乾技術的改良，許多業者開始改用機器化生產，小型家庭工廠逐漸被取代，傳統的曬米粉熱鬧景況不再。今日在米粉寮地區偶可看見曝曬在陽光下的米粉，竹篩架下迷漫著米漿發酵的氣味，隨著空氣四處飄散，宛如體會到新竹獨特的風味，令人無限懷念。

粄條是客家知名美食，客家粄條（面帕粄）的作法是將在來米磨成漿，再於蒸籠內鋪平蒸熟成面粄狀，切成長條就成為粄條；許多人到高雄美濃都會慕名點一碗嚐嚐，美濃中山路和中正路一帶聚集了許多老粄條小吃店，形成遠近馳名的粄條街，許多粄條店都以「老店」為號召吸引民眾上門。

標榜老店或幾代手藝相傳的美食，向來也是老饕的最愛，現今觀光旅遊業盛行，這類擁有族群與地方味道的在地老店，很多民眾寧可排長隊也要嚐鮮，有時候店家刻意擺設使用數十年歷史的滷鍋當招牌，民眾也無懼於外觀老舊、布滿厚重油汁的食器，反而趨之若鶩，因為它代表的是累積多年老口味的信譽。而許多老店使用老舊簡單的青花瓷碗盤當

美濃粄條

出版社	書　　名
藝術家	美哉台灣
供應商	
002	
定　　價	420

106, 4.13

1

食器，用它來回味阿媽年代的美食，不僅品嚐道地的老口味，也能興起睹物思舊之情懷。

與我們生活飲食息息相關的瓷碗盤食器，也跟著食物的發展開始講究創新，並追求美感提升，如同精緻的藝術品能令人愛不釋手，但從傳統族群與地方味道來看，傳統瓷碗盤有著歷久彌新的特殊視覺記憶，以及味覺口感的美感經驗。

古樸雅緻的
傳統瓷碗盤

▌米粉、粄條的地方味

食物的滋味很容易連結起地方與族群的情感，如吃到米粉時即想起新竹，而嚐粄條這類富有族群風味的小吃，總讓人想起客家。新竹米粉又可分為「水粉」和「炊粉」兩種，其中稱為炊粉的細米粉，是先壓製成細絲後以蒸籠蒸熟，再經風乾工序以利保存，是一般人所熟悉的米粉製法。

新竹米粉在日治時代因戰爭關係，日本人實施物質稻米管制，米粉業一度沉寂，1960年代大南勢一帶因盛產稻米，許多民眾因此重拾祖業製作米粉，開啟手工米粉大放異彩的年代，最盛時期據說工廠多達百家。新竹手工米粉之所以風味獨特，日曬、風乾是兩大要素，昔日在地方有「三分日曬、七分風乾」的說法。新竹地區每年於11月到1月間吹東北季風，強勁的風勢是曬米粉的好時機，整排曬米粉的竹篩排列在廣場上蔚為奇觀；傳統手工粉業者認為新竹獨有的九降風也是關鍵，如果風力強勁，大約四、五小時就能吹乾。大南勢地區生產純米粉的老店，目前大都由第四代接手經營，傳統工法使用在來米製成，從洗米浸泡、磨漿、製成米粿擠壓成條、蒸熟到切段，再拿到戶外去曝曬，過程耗時

十多個小時，十分費力。

　　米粉是時下頗受歡迎的平民美味，炒米粉主要配料為紅蔥頭、蝦米、乾香菇、肉絲等，也可加入其他食材，炒出一盤香噴噴的米粉，米粉湯則是大骨湯頭加上肉燥、蝦米和韭菜，皆令人口齒留香。

　　粄條原本是美濃人家在農作勞動之餘的主要點心，早期美濃人所賣的粄條，是用自家推磨器手工製作，再蒸出粄條，過程十分辛苦；粄條味道棒、口感香Q、風味佳吃起來又順口，現在變成是觀光客造訪美濃的必嚐名產。美濃粄條聞名遐邇，美濃人十分自信做的粄條和外地風味不同，主要是美濃粄條使用在來米，使粄條有香濃的米香和紮實口感；食用美濃粄條佐以甜辣醬、蒜汁、蝦米、肉絲等，清香可口易於消化，與閩南族群流行的粿條十分類似。全臺隨著客家人遷徙與分布，這種帶有族群風味的食物也隨之遍及各地，移居到各地去的客家人開店也賣粄條，用食物表達對家鄉的思念，食物的滋味融合了鄉愁情感。

▍米苔目的故鄉情

　　老臺東人早餐喜歡吃米苔目，這種庶民美食作法很簡單，一般用在來米加上少許番薯粉調好成米糊狀，倒在米篩上，再將米糊來回搓過篩孔，滴入滾水中，即可製成圓條狀米食，煮時放入蔬菜和大骨熬成的高

臺東地區的米苔目常加入在地生產的新鮮柴魚片提味

湯，吃起來米條彈牙、湯頭鮮甜爽口，令人口感滿足。我小時候吃母親料理的米苔目，有甜有鹹，夏天悶熱小孩子吃飯沒胃口，甚至還伴於冰涼的甜水來讓我們開胃。米苔目應是早年價格實惠又美味的食物。

臺東米苔目特別的是加上了在地生產的新鮮柴魚片，提升它的香氣與口感，有別於外地的滋味。店家研發了一套獨創的進化版米苔目吃法，將米條剁成小段加點黑醋，再將滷蛋黃碾碎混在高湯裡，配合著青菜一起入口，嫩Q甘甜一起滑入嘴裡，冬天裡吃，可感到一股暖活的幸福感。臺東市區裡有幾家標榜老字招牌的米苔目店，比競爭也比名氣，各有忠實顧客；比起二、三十年前在樹下的攤位吃米苔目，如今已拓展到現代化裝潢的餐飲大店面，真不可同日而語。

米苔目已是到臺東必需品嚐的地方小吃，許多外地求學就業的遊子，甚至旅居國外的鄉親，返回故鄉首要嚐的地方口味即是米苔目，吃上一碗除了滿足味蕾，更多的應是思念故鄉的心情。

（六）庶民點心／紅龜粿、粿食及糕點

臺灣的庶民粿食頗多，常見的年節應景美食有年糕、發糕、紅龜粿等，日常食用的還有蘿蔔糕、菜頭粿等，很多食品多被賦予吉祥的意味，例如過年一定要拜拜、吃年糕，表示年年高升。

臺灣人喜歡與「發」字諧音的數字或事務，例如「8」代表「發」，表示發財的意思；過年時到廟裡燒香拜拜也求個「發財金」，讓整年有個好采頭，財源滾滾來；就連吃的食物也都被賦予「發」的意涵，像當作祭祀供品的「發糕」，吃發糕也象徵年年發的用意。

過去人們很重視發糕的發酵程度，糕體外觀頂部要有爆開的裂縫才符合標準，家庭婦女做發糕私下還會相互比較，如果品相差容易被人取笑。發糕的製作工法並不複雜，小時候看過母親製作發糕，夜裡先浸泡蓬萊米，清晨起來將之磨成米漿，接著在米漿內加入糖及酵母發酵，放入小茶碗內，然後放入蒸籠蒸熟，即有香噴可口的發糕可以吃。母親製作的發糕在左鄰右舍間很受到歡迎，而這個由小茶碗釀造的驚奇，也成為我記憶裡無法忘懷的美好滋味。

象徵「好運發財」的發粿

　　臺灣揚名國際的糕點「鳳梨酥」雖以鳳梨命名，其實內餡多半是以冬瓜製成。冬瓜是早期農民稻間輪作的農作物，幾乎全臺各地種稻米的地方就有冬瓜的種植，因為產量豐富、取得容易又經濟實惠，成為鳳梨酥的主要原料；鳳梨酥口感清爽也富有鳳梨香甜味，加上「旺來」的諧音，象徵家庭、事業皆旺，是臺灣特色伴手禮的首選。不過現在也有強調用土鳳梨製成內餡的鳳梨酥；口感上，冬瓜餡的較鬆軟，鳳梨餡的多纖維。

　　臺灣各地皆有不同的在地糕點，例如臺中太陽餅、宜蘭牛舌餅等，而近年來新式麵包糕點的快速崛起，成為在地糕點的另一選項。

紅龜粿與文創

　　紅龜粿客家語稱為「紅粄」，是節慶祭祀之糯米製食品，形狀扁平，大約一個手掌大小，紅色表皮內包紅豆餡等，外觀以「粿模」壓上烏龜圖紋或福壽等吉祥字樣，再以月桃、蕉葉植物葉為墊。

製作紅龜粿與
魚粿的板模
（孫汝坤提供）

　　客家人做「紅
粄」，都用圓糯米、蓬萊米
和食用「大紅花米」色素作
成，比較講究的紅粄，客家人在
除夕清晨祭天、祭祖，以及廟會敬神、娶媳
婦、作壽等時刻都會作龜甲和壽桃的紅粄。

　　閩南人等族群也時常以此作為節慶祭祀之供品，其
做法大同小異，先將浸泡過之糯米研磨成米漿，
倒入米袋綁緊壓乾水份，接著加進「紅花
米」攪拌成紅色，再加以揉搗，包入內
餡（甜鹹口味都有）後放置粿模印出龜
紋，並將紅龜粿背面抹油平放於蕉葉上，
放入蒸籠於灶上以熱水蒸氣炊熟。

　　紅龜粿口感甜軟Q潤，有一點像麻糬，設計
在食物表皮上的龜紋和如「壽」字等吉祥意味的漢
字，本身就極具創意，食用時把象徵吉祥的圖紋和文
字一起吞下肚，享受平安和美味於一口，極為溫馨。

　　紅龜粿添加象徵吉祥圖紋、用美食內蘊祈求平安幸福
的原創概念，是早期的食品美感創意。外形如乒乓球板、用　　來
壓印的木製粿模，除正反兩面各雕刻龜紋與仙桃造形，兩側邊還刻有金
錢、魚紋，在過年時可印製兩種圖紋，做出「錢粿」、「魚粿」──與
紅龜粿相似只是不包內餡的食品，象徵發

以紅龜粿原型製
作的文創抱枕

財、年年有餘。現代工藝設計師從
紅龜粿獲得靈感，製作仿古的
「粿模」與紅龜粿，設計出龜
形的陶瓷板食器、紅龜粿抱枕
等產品，呈現古老年代的美味
粿食和「龜」象徵長壽的獨特
意義，好比一套完整的「紅龜粿
文化」。

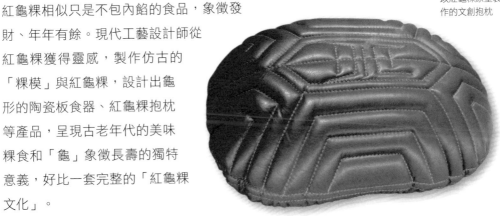

▌麵包和創意

　　早期臺灣的西式麵包以菠蘿、奶油口味最常見，菠蘿麵包的製法據說來自香港，麵包外層上的格狀花紋很像鳳梨表皮，而廣東話稱鳳梨為菠蘿，因此稱為「菠蘿麵包」，有趣的是它的內餡有各式口味，但就是不包括鳳梨。由於麵包製作日趨專業與精緻，其製作需要經過發酵，因此也是一種會「發」的食物。

菠蘿麵包是早期臺灣最常見的麵包種類（吳心如攝）

　　如今臺灣的西點餐飲日新月異，麵包店以現代新穎的裝潢，擺設各式可口麵包糕點，吸引客人前來消費，生產的麵包五花八門，日式、法式、歐式等各種琳瑯滿目，既重視口味，外觀製作也很美觀，讓人食指大動；連鎖西點麵包店更是進駐各地據點提供精緻的消費環境，麵包的視覺、味覺皆很講究。

　　參與世界麵包大賽是從事烘焙業師傅的夢想，2008年臺灣選拔出來三位麵包師傅組成的代表隊一路過關斬將，完成比賽指定三種項目，在八小時內做出六種類型、合計兩百個麵包。

　　在標榜國家特色的歐式麵包項目中，吳寶春以臺灣本土食材「煙燻桂圓」獲得了評審青睞；文世成的「明太子三明治」、「榛果巧克力」、「鬱金香藍莓」凸顯甜麵包的多樣性；曹志雄則以帶有濃厚在地味道的「祥獅獻瑞」為主題，擄獲藝術麵包評審的心。臺灣代表隊一舉奪得銀牌，僅輸給地主法國隊，不但證明了自己的實力，也激勵往後臺灣麵包師傅跟進勇敢逐夢，開啟臺灣麵包的新紀元。

　　2010年，世界盃麵包大賽新增個人賽，吳寶春代表臺灣打敗其它九國的選手，獲得世界麵包金牌。此次他以「臺灣味」麵包獲獎，特別選用芬園鄉的荔枝乾、三地門鄉的原住民小米酒、埔里鎮的有機玫瑰花瓣，再加上核桃及老麵，烘焙出新口味的「荔枝玫瑰麵包」。

　　製作荔枝玫瑰麵包，麵糰需要十五小時以上的發酵過程，加上浸泡

吳寶春的獲獎作
品——荔枝玫瑰
麵包

黑葉荔枝與玫瑰酒，才能散發出獨特清香，吃起來既有荔枝的甜味，又有
玫瑰的香氣，呈現多層次的口感與味覺體驗，外觀包裝更飾以精美荔枝為
圖案，將臺灣麵包的美感經驗提升為更高層次。

　　創新麵包，事實上是將臺灣的傳統農產品運用於麵包製作上，讓兩者
相得益彰。使做麵包已超越了食用功能的單一追求，進而講求創新，不斷
開發新的在地口味，麵包師父們也努力嘗試將梅子、金棗、楊桃、鳳梨等
各種臺灣特色的食材與麵包巧妙搭配，希望塑造出代表新時代的臺灣味。

陽光下廟宇的剪黏金碧耀眼

第 *4* 章

信仰│裝飾

信仰讓人們精神有所寄託，
裝飾則是信仰的藝術化表現，
透過美感涵養的視覺語彙教化芸芸眾生，
展現內心的崇敬與虔誠。

第四章

　　在臺灣，歲時祭儀、祖先祭祀、神靈信仰與生命儀禮等行為是人們生活上的大事，對於信仰則很自由開放，佛教、道教、基督教、天主教、摩門教、回教、一貫道、印度教等在臺灣皆有其空間。

　　17世紀大航海時代的臺灣，漢人傳入道教，成為臺灣社會的主流信仰；西班牙和荷蘭則挾著殖民勢力帶入西方宗教，在臺灣北、南部平埔族區域展開傳教工作，迄今西方宗教已全面進入原住民社會，影響深遠。西方宗教的傳入開啟臺灣多元信仰的篇章，使民眾對傳統信仰、外來的宗教皆能敞開胸懷接納；因此民眾可以自由入廟進香，也可以上教堂禮拜；既有熱鬧的廟會，也有溫馨的耶誕節活動。

（一）信仰的力量／從民間廟宇到藝術殿堂

信仰可以簡單樸素，鄉間人家把平時捨不得吃的魚肉佳肴，先獻給神明享用，野外採摘回來的鮮花也置於供桌上敬奉神明，生活上最美好的事物皆獻給神。「舉頭三尺有神明」是人生信仰準則，「人在做、天在看」則是自我行為約束、為人處世心中的一把尺。

為了傳教理想，西方宗教家不遠千里，由歐美異國來到人生地不熟的臺灣偏鄉行腳，用他們的熱忱傳道，選擇最艱困的地區、最難走的道路，以醫療教育專業來關懷弱勢族群，畢生奉獻給陌生的土地，孑然一身，甚至埋骨於他一生付出的這片土地。

信仰也可以豪華熱鬧，人們為了表達對神的虔誠與回饋神的庇佑，樂於奉獻錢財興建佛寺廟宇，同時也將最華麗的美感技藝裝飾在神明的殿堂上，寺廟因而隨著信眾的支持愈顯規模；為了取悅神明，舉辦熱鬧的迎神賽會，花車遊行、流水宴席與萬人空巷，人神一起共享共樂。

左頁圖／寺廟匯聚信仰與宗教藝術
上圖／臺北三峽祖師廟香火鼎盛（曾允則攝）
下圖／迎神賽會，將最美的獻給神明（陳念舜攝）

遊行花車上化
妝成各種神明
的兒童

西方宗教家在信仰的支持下，返回家鄉募款興建醫院和學校，創立
職訓中心，為偏鄉及原住民青年進行技職教育，訓練一技之長使之能夠
在社會上謀生；甚至引進現代建築觀念，結合在地氣候環境，建造出不
同風格的教堂，以身作則的散播他們對土地的理解與愛護。

信仰似乎是人世間最良善的心和最美事物的結合，在信仰自由的環
境下，造就臺灣各類民間藝術的蓬勃發展，藉著民眾的心力與財力，讓不
同信仰的美感形式實踐於社會各階層與角落。臺灣民間工藝家和表演團隊
能在宗教殿堂展演裝飾藝術與民俗技藝活動，顯示出民間活絡的生命力，
庶民信仰與民俗藝術也因此得以傳承。西方宗教家則以入世精神，救助苦
難，帶來不同的建築美感形式，實踐「神愛世人」的偉大情懷。

▋用信仰克服環境的考驗

臺灣最早的信仰應是早期原住民的自然崇拜，各族群皆有泛靈信仰
的傳統，對土地、太陽、月亮、大海、山川均有原始的精靈信仰，同時
也反映在各種歲時祭儀與儀式上。

臺灣在地宗教主要是佛教、道教和民間信仰，以教義、儀式來看僅

臺灣廟宇大部分為
佛、道教合流

少數是純粹佛教寺院，大部分為佛道教參雜合流，這是由於日治時期道
教受到「皇民化」政策影響，傳統道教廟宇被迫拆除，信徒紛紛將神祇
供奉於佛教寺廟中，反而形成臺灣本土寺廟的一大特色。

　　清朝時期，大陸漳、泉居民移居臺灣必需橫渡海象險惡的臺灣海

三峽祖師廟內部華
麗的雕刻裝飾

峽，尤其是俗稱「黑水溝」的海域，才能抵達鹿耳門上岸；移民口中流傳的俗諺「十去六死三留一回頭」即是血淚的寫照；因此移民們都隨身攜帶媽祖神像祈求保護航海安全。這類的習俗也出現於臺灣各地的開發史上，媽祖信仰與儀式因此成為宗教活動中的盛事，天后宮也成為各地最重要的廟宇建築。

在披荊斬棘、篳路藍縷的開墾時期，既要克服瘴癘苦熱環境，也得面對傳染病肆虐所造成的死亡，人們因此信奉瘟疫之神「王爺」。王爺又稱千歲爺、府千歲，有不同的姓氏，傳說王爺可以去除疾病、保佑民眾身體健康，信徒們乃興建寺廟祭祀並感謝神明，媽祖和王爺因此成為臺灣寺廟供奉的二大系統。

寺廟是神明的殿堂、居民的信仰中心，上至達官貴人，下至販夫走卒不分階級皆可接近。在地化的廟宇則與信眾需求相互依存，而受益的信眾往往也捨得回饋，這些雙向的互信，直接表現在廟宇香火鼎盛和建築外觀的美感裝飾上。

寺廟不僅擁有獨特的形式格局，也是民間建築、工藝技藝的綜合展現，涵蓋木雕、石雕、泥塑、剪黏、彩繪等裝飾，這些裝飾呈現的是忠孝教化的社會價值觀，視覺上具強烈的民俗色彩與美感經驗，充分展現出民間藝術豐富的內涵和精神文明。

左圖 /
三峽祖師廟龍柱柱頭
採用希臘風格的樹葉
圖形裝飾

右圖 /
三峽祖師廟石雕柱臺
與圓雕十分精美

曾雙春　山城梵唱
（三峽祖師廟）
1980　彩墨、紙
180×240cm
（曾雙春提供）

▍民間藝術殿堂

　　三峽祖師廟供奉清水祖師，為當地居民信仰中心。其廟宇建築裝飾
融合了傳統民間宗教與學院藝術表現，不但被喻為東方民間藝術殿堂，
也是居民引以為傲的文化地標。祖師廟創建於1769年（清乾隆三十四
年），位於三峽鬧區，每年祖師爺誕辰時舉行「賽豬公」競賽酬神，吸
引許多中外遊客參觀。戰後長達五十年的整修，因為藝術家接手經營，
使傳統廟宇的建築主體融入近代學院式的雕刻、碑文美術作品，與一般
的民間廟宇美感差異頗大，樹立了臺灣廟宇藝術的新典範。

　　祖師廟為傳統三進九開間、重簷歇山型式建築，進入祖師廟大門，
銅製的門神有別於一般平面繪畫的木門；三川殿華麗的迴旋式藻井，利
用斗拱搭接，層層疊疊上移到屋脊，銜接工法完全不使用釘子，呈現木
構建築結構之美；神龕雕刻、懸在樑下的短柱、斗拱等建築裝飾採用傳

統工法，並為防蟲蛀採貼金箔處理，繁複美觀的令人目不暇給，是傳統建築技術的極致表現。

　　前殿與中殿間的中庭，是側殿、兩廂及廊道的迴旋空間，設置石雕、石柱月臺，既可紓解廟宇室內擁擠空間兼可採光，方便自各個角度欣賞建築及雕刻之美；中殿四對花崗石大柱以陰刻方式刻著于右任、賈景德等名人書寫的對聯；周圍豎立著精雕石柱，無論圓雕、浮雕、透雕手法皆十分精緻，構成莊嚴且穩固的結構，行走廊道時，穿梭在精雕細琢的龍柱周圍，更有一種東方奇幻的氛圍，仔細觀察還有許多特殊的表現題材，如柱頭上希臘風格的樹葉圖形裝飾，顯現中西合璧的美感特質。

　　正殿二樓奉祀不同道教神祇，每間拜殿門窗皆選用檜木和樟木，以木雕花窗裝飾，對聯字句也以立體陽刻方式處理。建築物主體的人物雕刻取材自民間傳說

三國演義、西遊記、封神榜、二十四孝故事等，牆
面擁有大量大理石陰刻的水墨畫，作品來自國內名
家歐豪年、黃昌惠、梁丹丰、蘇峰男等人的花鳥、
人物、飛禽走獸等手跡，當然也包括在地畫家李梅
樹、曾雙春等人的作品。

　　比較特別的是兩側供奉日月神像的拜殿，擺的
風調雨順四大守護金剛神像與一般廟宇所見的千里
眼、順風耳等神祇造像不同，採用寫實雕塑表現，
遠看神態威武如同真人，手持各式神器，整體洋溢
著結合民間信仰與學院式寫實造形的特質。

左頁上圖／三峽祖師廟大殿一景　　左頁下圖／祖師廟石雕上的傳統花
卉圖畫　　左上圖／祖師廟內部藻井裝飾華麗　　右上圖／祖師廟絢麗
繁複的龍柱雕刻　　左下圖／黃龜理於祖師廟山川殿的壁棟雕刻〈五路
鄧芝做説客〉，題材出自《三國演義》第86回〈下油鼎〉　1956　木雕
30×121×9cm（王庭玫攝）　　右下圖／祖師廟供奉的四大守護金剛神像
造型寫實

李梅樹晚年攝
於三峽祖師廟
之前（藝術家
出版社提供）

1947年，三峽出生的李梅樹開始為祖師廟進行第三次重建整建工程，李梅樹以藝術專業背景精心擘劃，在強大的使命感與毅力下，凡事親力親為，成功地改變這座廟宇的面貌，雕鑿出他心目中的藝術聖地。1970年間筆者在當地畫家曾雙春陪同下參觀祖師廟時，李梅樹老師正在廟殿裡，左手立掌置於胸口，右手敲著木魚誦經，虔誠的影像迄今讓我印象深刻。也許是堅定的信仰一路陪伴著他，才能克服總總困難建造出獨一無二的藝術殿堂。

隨到後廂房去看師傅們工作，一進門滿室的煙塵在陽光下飛舞，地面上擺著數根大石柱，刻劃著立體龍雕，多數是未完的半成品，空間裡僅有師傅們忙碌地一槌槌敲打的聲響。整座廟用了一五六根雕工精緻的龍柱，每根平均花一千個工作天完成；讓人讚嘆的是這些龍柱在李梅樹嚴格要求下慢工出細活，共動用了六位雕刻師、一位木工師及三位油漆師，以漫長的五十年施工期打造，精雕細琢的品質不僅是師傅一生精華絕學展現，甚至還有一家三代人都投入在龍柱的雕刻上，促成在地石雕技藝的傳承。

三峽祖師廟除了是一座近代建造的華麗廟宇，也是兼有學院美感的經典藝術建築，在堅強信仰的後盾下，我們看到美術、雕刻作品不再高高在上，而是置於廟宇享受著人間香火，與社會眾生不再隔著疏遠的距離。

（二）沐浴在月光下／日月崇拜與生命儀禮

　　浩瀚的宇宙中，地球顯得極為渺小，在地球上的人類更如滄海一粟。老祖宗留下代代相傳的智慧——萬物透過大自然供給的養分豐碩成長，叫做吸收「日月精華」，告訴我們宇宙天地運行之道；形容時光消逝迅速的「日月如梭」，則對應人與自然環境的生存方式。

　　日與夜的循環依靠太陽與月亮兩個星體，大地萬物由此產生，透過兩顆星球的運轉形成兩個截然相對的「光明與黑暗」世界。在陽光裡也存在著陰暗面，即「烏雲蔽日」；在黑暗中也有光芒，如「明月大地」，兩者之間如同事物之一體兩面，亦如中國人的陰陽觀念——萬物源起於一體，彼此相生相剋，奧妙至極。

　　臺灣原住民族對世界的觀察自成一套系統，在東排灣族的信仰裡，天神（namati）住在天空（kaluvuluvat），是宇宙萬物和人類的創造者，而太陽神（adaf）與namati一樣，同是保護著人類的天神。

魯凱族的太陽甕

　　東魯凱族的宇宙觀認為天上的神總稱為「iapuneg」，約可分為四種：其中太陽（ua-i）地位崇高，照亮萬物使人們能工作生活；其次是月亮（tamalu），為女性神，掌管農作物的播種和生長；另外還有創造人類的一對夫妻titii、tomaili，管理人們的死亡和婦女懷孕。

　　宇宙天地至大至美，太陽月亮運行變化無窮。陽光除了為大地帶來能量，光線也如同色彩魔術師，點綴萬物的美麗色澤，為世界捎來五彩繽紛的畫面，我們期待日出，讓耀眼的光芒驅除黑暗，帶來光明與溫暖，照亮土地

丁學洙
「海天」系列
1987-1992
粉彩、紙
56×77cm
（臺東縣文化
處提供）

與生物；我們也體驗黑夜，每當夜晚來臨即是休養生息的時刻，柔美的月色是黑夜裡的明燈，賦予大地詩情畫意的靜謐情境。

位於亞熱帶的臺灣，土地面積僅36000平方公里，常年日照充足，加上季節氣候運行適合萬物滋長，形成多樣性的景緻變化。夏季陽光強烈，南部區域天氣酷熱，熱帶植物生長繁盛，擁有明顯的南國風情；冬季寒冷天候不長，偶而來臨的寒流，卻也很快地被暖洋洋的陽光驅趕。

沐浴在南國的冬陽下，宛如生命中擁抱的溫暖，大陸來臺僻居臺東的畫家丁學洙頗能感受，他喜愛寫生，經常在大太陽下於海邊獨坐畫畫，面對大海、船影，繪出東臺灣七彩陽光的魅力，「海天」系列作品就是他對獨特陽光美感的體悟。

海天一色的景緻常出現在東海岸，當日出陽光照耀在海面上，灑落在未消散的霧氣中，整體橘紅與金黃的色調使海天融在一起，幾乎難以

丁學洙
「海天」系列（局部）
1987-1992　粉彩、紙
56×77cm
（臺東縣文化處提供）

區分何者為天、何者為海，本地原住民將這樣的獨特景觀稱作「早晨的
黃昏」。丁學洙晚年喜歡用簡單的粉彩寫生，畫面總是充滿著陽光幻麗
的色彩，散發著光芒與熱力，帶來無窮盡的希望與溫暖，像是反映他心
中對生命與繪畫的熱愛一般。

　　島上先來後到的族群，各自有其對生命涵養的解讀，創造出身心安
頓的位置。面對終日照耀產生巨大能量的太陽輻射，將其信奉為萬物生
成之源，不但有太陽崇拜，也有射日傳說；月亮的陰柔與包融力，則成
為大地之母，有「拜月娘」的習俗，而月的陰晴圓缺正如同四季變化，
也使她成為掌管農耕的神祇。

　　現代人追逐日月，因陽光帶來溫暖，於是乎追逐新年的第一道曙
光，成為送走歲末寒冬、迎接新年新希望的好兆頭；因月光的柔美，於
是乎尋找月光灑在海面上的詩意畫面，成為旅人浪漫的邂逅。

▌日月崇拜與生命儀禮

東排灣族在遷徙時，族人是向著太陽升起來的地方移動，通常祭師在祭祀之前或巫師進行治病、除害時，第一個告祭的就是太陽；而家中婦女產下男嬰時，父親也會以小弓箭向著太陽的方向射出，代表向太陽神和祖靈報告。東魯凱族人死後，埋葬方式習慣上以頭朝西、腳向東放置（即面向東方），Taromak部落族人認為死後會回到太陽身邊，「面向東方安葬意謂著死者躺著眼睛仍能看到東邊升起的太陽。」從出生到死亡，幾乎都與太陽有關。

月亮的傳說以布農族的關係最為密切。相傳上古時期天上有二個太陽輪流照射，大地因而無晝夜之分，炎熱的天氣將族人的小孩曬成了蜥蜴，父親氣憤之餘決定帶著大兒子去射日，他們躲在山棕葉（Asik）間，用弓箭瞄準射下其中一個太陽。被射下的太陽怒而捉住這對父子，並責備他們恩將仇報，父親聽完心中感到十分愧疚，立刻以身上的胸袋（Kuling）擦拭太陽的傷口，太陽隨即變成月亮（buan），族人說，現在月亮上的陰影即是當時擦拭後的傷痕。月亮隨後教導他們各項祭儀，帶回部落改善族人的生活，直到今天族人仍遵守每月行祭儀的約定，成為布農族人歲時祭儀的由來。

臺灣民間對月亮也有特殊的習俗和生命禮俗，在一整年月亮最圓最亮的中秋節時，全家團聚進行拜月與賞月，此時家中若有新生命誕生，都會準備供品來祭祀月神，祈求保佑新生幼兒平安健康長大；而祭祀月神的物件是圓形的月餅

等，祭祀完後全家一起喝茶吃月餅，象徵闔家團圓。

左頁圖由上至下／
1、2.
排灣族的太陽紋刺繡反映出族群的信仰文化
3.
蕭世光
太陽的子民　木雕

　　「拜月娘」習俗是嬰兒的生命儀禮，民間信仰月神為兒童的守護神，在祭祀時母親會告誡小孩不可以手指月亮，否則會被罰割耳朵，其意義應是教育小孩對月亮要懂得尊敬；此禁忌也是臺灣民間流傳的多項嬰兒禁忌之一，如同出生四個月內忌夜出、忌見喜、喪事避免衝煞；吃飯時忌以筷子敲打碗，否則以後會變乞丐；碗中殘留米粒，將來結婚對象會是痲子臉等。

▎追尋天地奧妙之美

　　浩瀚的宇宙、日夜晨昏不停更迭，人們崇敬這些大自然現象，將之化為具體的形象與力量，隨時庇佑自己平安順遂，例如太陽是原住民族群中崇敬的神祇，擁有超自然的威力，它總是照耀著人間，太陽的形象化身為圖紋信仰，時刻守護著人們。在屏東縣牡丹鄉牡丹村sinvauthan部落有著一座專門奉祀太陽的神祠，以木雕浮刻著大圓形圖案，最外圈是陽光的光芒造形，象徵太陽神，sinvauthan部落族人自認為是太陽的子民，常表現在傳統工藝及服飾中。

　　月亮為掌管農作物的播種和生長的母性角色，布農族人依季節變化在木板上刻劃象徵播種、除草、狩獵、收割、進倉等農事，「木刻畫曆」成為記錄族人年度工作的準則。

　　1969年人類首度登陸月球，千百年來人們對月亮浪漫想像在一夕之間全然改變，畫家劉國松受到莫大的啟示，創作「太空」系列，以月的圓缺形狀變化，象徵宇宙運行，並以狂草筆法、裱貼和創造白線的抽筋

布農族木刻畫曆

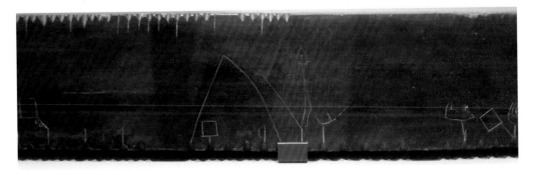

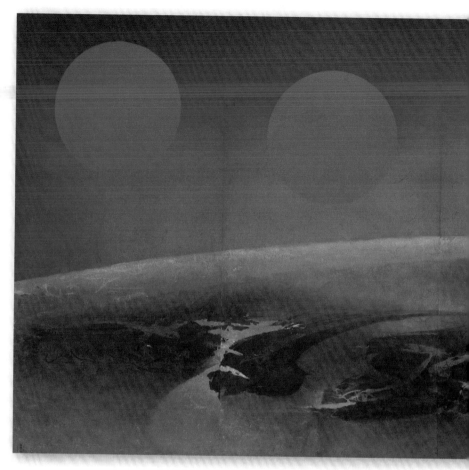

剝皮皴法表現地球，呈現天地空間相互呼應的效果，〈子夜的太陽〉即
該時期的代表作之一。

　　劉國松是戰後臺灣現代繪畫運動中重要團體「五月畫會」發起人之
一，他以突破傳統的皴法技巧，開創現代水墨的抽象表現，同時運用想
像將水墨的高遠、平遠等視覺焦點，藉由天體運行提升到浩瀚宇宙形而
上的高度，讓人興起一股穹蒼無垠、日月爭輝之感。人類僅是天體運行
體系中的滄海沙粒，但因擁有無限的創造與想像力，累積經驗而世代相
傳，體會生命的奧妙與變化。

　　現代人則是以追逐日月、欣賞大自然之美為生活添加情趣，爬上玉
山、阿里山看日出、到各地迎接新年曙光，都是時下遊人熱中的活動，
接近大自然有益身心，在熱鬧之餘也頗富風雅。欣賞大自然的奧妙美景
並非難事，月光灑在太平洋海面上的詩情畫意，是每個人皆可親近的自
然美景。當夕陽西下黑夜降臨，東海岸漆黑的海面帶著幾分神祕令人生

藝術家書友卡

感謝您購買本書，這一小張回函卡將建立
您與本社間的橋樑。我們將參考您的意見
，出版更多好書，及提供您最新書訊和優
惠價格的依據，謝謝您填寫此卡並寄回。

1. 您買的書名是：＿＿＿＿＿＿＿＿＿＿＿＿＿＿＿＿＿＿

2. 您從何處得知本書：

   □藝術家雜誌　□報章媒體　□廣告書訊　□逛書店　□親友介紹

   □網站介紹　　□讀書會　　□其他

3. 購買理由：

   □作者知名度　□書名吸引　□實用需要　□親朋推薦　□封面吸引

   □其他＿＿＿＿＿＿＿＿＿＿＿＿＿＿＿＿＿＿＿＿＿＿＿

4. 購買地點：＿＿＿＿＿＿＿＿＿　市 (縣) ＿＿＿＿＿＿＿＿　書店

   □劃撥　　　　□書展　　　　□網站線上

5. 對本書意見：（請填代號 1.滿意 2.尚可 3.再改進，請提供建議）

   □內容　　　　□封面　　　　□編排　　　　□價格　　　　□紙張

   □其他建議＿＿＿＿＿＿＿＿＿＿＿＿＿＿＿＿＿＿＿＿＿

6. 您希望本社未來出版？（可複選）

   □世界名畫家　　□中國名畫家　　□著名畫派畫論　　□藝術欣賞

   □美術行政　　　□建築藝術　　　□公共藝術　　　　□美術設計

   □繪畫技法　　　□宗教美術　　　□陶瓷藝術　　　　□文物收藏

   □兒童美育　　　□民間藝術　　　□文化資產　　　　□藝術評論

   □文化旅遊

您推薦＿＿＿＿＿＿＿＿＿＿　作者 或　＿＿＿＿＿＿＿＿　類書籍

7. 您對本社叢書　□經常買　□初次買　□偶而買

藝術家雜誌社 收

10644 台北市金山南路(藝術家路)二段165號6樓

6F., No.165, Sec. 2, Jinshan S. Rd. (Artist Rd.), Taipei 106, Taiwan
TEL : (02) 2388-6715   FAX : (02) 2396-5707

Artist

姓　　名：＿＿＿＿＿＿＿＿＿＿＿　性別：男□ 女□ 年齡：＿＿＿＿＿

現在地址：＿＿＿＿＿＿＿＿＿＿＿＿＿＿＿＿＿＿＿＿＿＿＿＿＿＿＿

永久地址：＿＿＿＿＿＿＿＿＿＿＿＿＿＿＿＿＿＿＿＿＿＿＿＿＿＿＿

電　　話：日／＿＿＿＿＿＿＿＿＿　手機／＿＿＿＿＿＿＿＿＿＿＿

E-Mail：＿＿＿＿＿＿＿＿＿＿＿＿＿＿＿＿＿＿＿＿＿＿＿＿＿＿＿

在　　學：□ 學歷：＿＿＿＿＿＿＿　職業：＿＿＿＿＿＿＿＿＿＿

您是藝術家雜誌：□今訂戶　□曾經訂戶　□零購者　□非讀者

客戶服務專線：**(02)23886715**　E-Mail：**artvenue1975@gmail.com**

東海岸皎潔的
月光灑落海面
（林永發攝）

懼；一輪明月升空，驅散了天空烏雲，微光照亮大地，皎潔的月光灑在波光粼粼的海面上，銀白色光跳躍由遠而近，構成一條閃亮亮的銀色地毯。

　　白天的太平洋海岸蔚藍美麗，白雲天空乾淨無瑕；夜晚的太平洋雖然神祕，但清亮的月光照耀，月暈擴散至整個天空；伴隨著閃閃星光延伸至無垠的天際，帶來無限安祥寧靜，連海風都溫柔起來。遠處的村莊、部落微弱的燈光明明滅滅，透著溫暖；海岸邊幾位原住民升起篝火圍著取暖，拿起吉他彈奏唱歌，豪放的歌聲伴著浪濤聲，與大自然合而為一，這正是臺灣海岸最美的夜景。

（三）用藝術講民間故事／剪黏與王船

　　戰後臺灣各地廟宇，從日治時期推展皇民化運動的打壓下逐漸恢復生機，重現香火鼎盛之景。藉著廟宇建築整建或重修，對華麗裝飾愈來愈講究，各種色彩豐富的人物、動物、花草樹木等裝飾布滿整個廟頂，如同臺灣民間熱情和愛熱鬧的性格。

　　傳統廟宇瑰麗的外觀來自彩繪與剪黏，廟宇屋頂頂端正脊、屋坡兩側下垂的垂脊，以及正脊上方再加上一道脊帶，中間留著空隙的西施脊，另外垂脊最下方的收頭稱為牌頭（排頭），是飾以剪黏等裝飾物的位置，也是讓建築物看來更加華麗的關鍵。

　　無論是一般正脊裝飾的「雙龍護珠」、「雙龍護塔」或是牌頭上的人物，如三國演義、封神榜等民間故事題材，背後襯以山林閣樓等裝飾，皆運用剪黏技法做成，充滿傳統藝術的巧思，作品在陽光下閃爍著斑爛色彩特別引人注目。剪黏又叫剪花，是一種鑲嵌式浮雕，工法是將剪裁過的彩色陶瓷、玻璃，黏貼於灰泥上，創造出人物、花鳥、走獸等

臺北龍山寺正脊上的龍形剪黏裝飾

陽光下廟宇的剪黏繽紛多彩

王船及兵將製作是民俗工藝的展現

效果美觀宏大的立體裝飾，內容則以象徵吉祥及福祿壽之民間故事及信仰的古典造景為主，剪黏施工時若稍有不慎玻璃材料即斷裂，師傅須具備相當地技術與耐心，加上一些能掌握造形與色感的天賦。

對海島臺灣而言，以海為對象的相關信仰祭儀，以西南部縣市的「王船祭」最為聞名。「燒王船」主要是送走瘟神、祈求平安的祭祀活動；高約6公尺、重2頓的王船，以木材、油漆為材料，設計包括船身、船帆、船艙、船頭，甚至連砲臺皆有，外觀飾以美麗的彩繪，整體宛如真實船隻翻版，王船的製作相當慎重其事，是道教科儀與傳統工藝的精緻結合。

為期一星期左右的「王船祭」祭醮，除了有大型廟會活動，最後一天的燒王船儀式是整個祭典的最高潮，工作人員事先準備王爺及水手們使用的衣服、飲食及文房四寶等用具，現場還以誦經及武場方式，軟硬兼施請疫鬼隨著王爺搭船離開。經由「燒王船」祭儀送走瘟神，民眾內心獲得解脫，在祈求肉身平安之餘，將信仰與傳統藝術巧妙融為一體。

因應宗教建築彩繪裝飾與祭儀使用文物需求，傳統工藝師傅受聘製作相關的應景文物，剪黏和王船技藝等獨特的民俗藝術流傳各地，所繪

製的忠孝節義內容也經由傳統工藝傳達，無形中涵養民眾內在氣質與價值觀，民俗藝術因此也成為昔日教化的載具。另外，剪黏及王船製作也因儀式與文化表現方式差異而有截然不同的呈現，瑰麗的剪黏與廟宇建築尋求亙古不變的倫理觀念，美侖美奐的王船則期限短暫即化為煙灰，帶來人神和諧相處的心靈依託。兩者皆為以信仰做為背後主體的重要民俗工藝，透過儀式的需求與不斷重製，經驗得以傳承，而居中的民俗藝師則南北奔波創作，成了傳統工藝美感經驗流動的關鍵角色。

▋廟宇上的剪黏

　　早年臺灣剪黏藝術著名流派為「北洪南何」，即是指北部洪坤福及南部何金龍兩位匠師，兩人各有所長。

　　洪坤福風格注重形勢，不拘細節，剪黏代表作分別存於艋舺龍山寺、北港朝天宮，尤其是三峽祖師廟屋脊牌頭上的三國人物及亭臺樓閣的作品，最為人稱道。

左、右圖／
三峽祖師廟屋脊牌頭人物為洪坤福的代表作品

北港朝天宮外觀

　　現今列為國家二級古蹟的雲林北港朝天宮，其剪黏裝飾為洪坤福派於1956年前後所作。北港朝天宮的媽祖神像為宋代所雕塑，1694年由福建省湄洲天后宮移駕而來，是全國唯一以佛教儀禮祭祀的媽祖廟，每年農曆3月19日媽祖遶境出巡，沿途家戶都會準備香案、水果和金爐恭迎聖駕，同時辦桌宴請遠方來的親友，「北港迎媽祖」因而成為臺灣著名廟會。北港朝天宮建築歷經修建，曾於清光緒二十年毀於火災，現存建築為1911年由著名廟匠陳應彬所建；剪黏裝飾則由柯訓、洪坤福、江清露師徒三代完成，朝天宮的剪黏裝飾也成為洪派藝術代表作。

　　朝天宮是七間開的大廟，正面寬闊屋頂裝飾空間頗大，屋頂剪黏裝飾設計有許多主題，以左右對稱方式呈現，以「甘露寺」——劉備招親等三國演義故事做為剪黏藝術的表現內容；屋頂的各個斜脊也都有設計，常見的是雲龍、飛鳳，仙人騎龍、仙女則騎鳳。更多象徵吉祥雕像如天官賜福、福祿壽三星、南極仙翁、麻姑獻壽等琳瑯滿目充滿了各處屋頂，盡顯華麗之能事。

　　另外一位剪黏大師何金龍為廣東潮州汕頭人，被尊稱為「金龍師」。他的剪黏作工精細，作品人物細緻，造形生動色澤雅緻，代表作有臺南竹溪寺、學甲慈濟宮、佳里金唐殿、臺東天后宮媽祖廟等。

北港朝天宮之剪
黏為洪坤福派藝
術代表作

　　臺東天后宮與地方開發歷史緊密相連，1889年提督張兆連為感激媽
祖、觀音的保佑發起興建廟宇；1891年完工後，光緒皇帝特頒「靈昭誠
佑」匾額，成為臺東地區唯一的官廟。天后宮歷經日治遷建，1945年逢
臺東天后宮進行修復，何金龍曾經帶領徒弟王石發、王保原父子一同前
往，廟裡的剪黏彩繪作品大多出自他們師徒之手。

　　何金龍在天后宮的剪黏，經歷次整修目前留下六件室內長條壁面作
品，題材均為民間傳說故事，雖然經過歲月洗禮色澤不再光鮮，但依然
能夠看出它昔日的文雅風華，每一個古典歷史人物舉手投足姿態豐富而
多樣，握著兵器的武將則勇猛過人，或奔跑或站立的馬匹各擁特色。陪
襯主構圖的背景也十分講究，往往山石巧妙搭配樹木景緻，色彩也有其
特殊的喜好，整體樹石背景呈現黃綠主調，點綴了紅紫等花卉以烘托出
主題人物，人物服飾顏色則豐富多變。

　　當年在天后宮製作，由王石發擔任助手，王保原則見習何金龍的
作品及手藝，後來王氏父子攜手合作，擔綱臺灣戰後的廟宇修復工作，
聲名遠播。王保原也因為投入長達半世紀以上的古蹟修護，讓臺灣民間
剪黏技術得以流傳，獲文化部指定為剪黏藝術的人間國寶，終成一代名
家。

剪黏題材多出自民間故事內容，並結合工藝技術，富有教化與傳統藝術涵養的雙重意義。從日治迄今「北洪南何」的剪黏藝術影響著臺灣廟宇建築，其徒子徒孫也遍及各地，傳承了這門獨特的工藝技術，而當中的美感精髓也結合了民間信仰習俗，一起傳承下來。

▌王船祭

臺灣族群以海為對象的相關信仰祭儀，主要有東海岸的阿美族，大港口部落海祭稱為「misacepo」，儀式以酒、檳榔、糯米飯或魚類向海神祈求賜福；噶瑪蘭族稱海祭為「laligi」，以肉串等祭品祈求海神保佑，兩族的海祭皆為向掌管大海的海神進行祭儀。至於船的相關祭儀，則有雅美族的新船下水祭儀，是海洋民族最隆重的儀式；漢族的船祭以「王船祭」聞名全臺，是臺灣重要的民俗活動之一，王船祭儀約三年舉行一次，祭醮為期一星期左右，廟會活動吸引大批人潮觀禮。

王船的特殊習俗，據說是來自大陸東南沿海的信仰，早年沿海一帶因為常有瘟疫發生，當地民眾乃以製作王船，在祭儀結束後，利用海流送走瘟神。王船信仰也因隨著移民傳到了臺灣，臺灣沿海靠海維生的漁民眾多，在各地靠海縣市常舉行王船祭儀，護佑地方平安。

王船製作過程與一般船舶製作相似，從安放龍骨、船板、砲臺到彩

繪船身一併俱全，儀式正式動工必須請「瘟王爺」神尊觀禮，同時請監
督王船的「中軍府」令牌到場，在獻祭禮後安放龍骨並上香祭拜，始完
成整個儀式；主體完工後的王船，外觀彩繪的內容以八仙人物、古代帝
王聘請賢能等教化故事為主。

　　王船最後到海邊進行祭拜、燒王船是儀式的高潮，凌晨時分在道士
作法開水路之後，眾神轎皆至海邊與祭祀人員在王船前叩拜餞行，接著
以沖天炮引燃滿載的金、銀紙，紙繪的王船在海風助長下迅速燃燒，當
熊熊火焰升起，表示王船順利出航，帶走人間一切的災厄和疾苦。

王船完工後的開
光點睛儀式
（姜柷山攝）

信眾將王船移至
海邊準備進行燒
王船儀式
（姜梲山攝）

滿載金、銀與祭
禮的王船
（姜梲山攝）

　　水彩畫家陳陽春以水彩描繪燒王船的信仰畫面，王船堆在金、銀紙
之上，正燃起陣陣火焰，旁邊圍觀著許多民眾，畫家捉住了王船即將燒
毀的瞬間、最美妙的一刻，留下永恆的記憶。

　　經過時代環境變遷，王船信仰逐漸由瘟神演變為代天巡府或王爺
公，例如建於清乾隆年間的東港東隆宮，廟宇建築十分雄偉，奉祀溫府
王爺，是東港宗教信仰重地，王船也從當年的「瘟王船」轉變成「王爺
船」，王船的製作也由簡單的工藝，進而到華麗的工藝技術表現，形成
今日在臺灣西南沿海地區非常盛行的王船祭典。

燒王船儀式（姜柷山攝）

陳陽春　燒王船　2015　水彩、紙　58×77cm　（陳陽春提供）

（四）素樸靜謐的禮物 / 實踐簡單樸實的信仰

1960年在偏遠的臺灣東部，多數住屋尚為低矮建築，草房和鐵皮屋仍很常見的情況下，很難想像位於臺東市區的公東高工校舍，居然有一棟與世界潮流並駕齊驅的清水模建築出現，當年由瑞士建築師Dr. Justurs Dahinden與知名設計師Dr. Schubiger兩人合作設計的聖堂大樓，完工後遠近馳名，迄今一直是國內許多建築科系指定學生參觀學習的目標。

所謂清水模，即水泥結構完成後不再做塗裝、貼磁磚、貼石材等材料表面處理，簡而言之，即混凝土「素顏」的手法，清水模建築重視灌漿、水泥成份、模板等每個工序細節，否則就會留下痕跡，被視為歐洲現代建築美學的象徵。

這棟四層樓建築物以獨特結構設計，不僅節省大量鋼筋水泥材料，還引進例如遮陽板、散熱風口及防雨積水的止水線，連接樓梯用剪力牆、承重牆等設計以取代樑柱，每一細節像是在述說著建築與信仰交融的情感。

聖堂大樓頂層的小教堂則是另一座別緻的設計。斜面屋頂設計有許多天窗，充分運用大量自然光貫穿教堂；同時在牆面鑲貼彩繪玻璃，藉以投射出耶穌苦路圖的光彩，呈現出沉思靜謐的聖堂空間。祭臺後面牆

公東聖堂耶穌像融入在地原住民特色
（公東高工提供）

上的耶穌像，是一座以鑄鐵打造的特殊創作，頭戴著荊棘、露出肋骨、高舉雙手的姿勢，呈現的是耶穌死後復活昇天的樣子，雙腳的釘痕則以紅色玻璃替代傷口，整體造形流露出簡樸氣息，也有著幾分融入在地原住民的味道。

　　創立公東高工是瑞士白冷會在臺灣的志業之一，以技職教學嚴謹聞名。最初由十五位瑞士籍技師擔任，專業教材與教學方法也都沿用歐洲制度，為臺灣培育了許多專業人才，早期木工科學生屢獲國際競賽的金獎牌等成績。

　　1950年間的臺灣仍處於物質貧困時期，瑞士白冷會的傳教神父與修士們選擇後山臺東做為他們傳道濟世的據點，一群家鄉遠在數千里外的神職人員不畏偏遠也不怕土地貧瘠、交通不便，以關懷偏遠和弱勢族群為目標，從1953年起的六十年間，總計有四十一位神父、五位修士來臺東傳教，最盛時曾有一百餘座教堂，兩萬多名教友。

　　白冷教會除了傳道，也從事最基礎的技職教育、醫療照護工作，開辦了公東高工、東區職訓及聖母醫院及各區培植院學生宿舍等；他們律己甚嚴，但關愛土地與人群，不但克服了陌生的種族、文化與語言等限制，尤其是深入臺東鄉間離島，愈是偏遠的部落他們待得愈久，甚至與族人生活在一起，無悔地獻出青春。在白冷會內服務長達三、四十年以上的神職人員比比皆是，甚至有十位神父退休後不願離開，最後長眠於臺東土地，他們愛臺灣、愛東部這塊土地上的人群，連我們都自嘆不如。

白冷教會入鄉隨俗，牆上掛著以彩墨繪製的聖母像。

天主之母

劉河北敬寫

白冷會臺灣總部設在臺東市區，土地面積不大，規畫了聖母醫院，教堂就在院區裡，與神父、修士們生活的空間相鄰。走進園區內，建築與空間均屬小規模，卻規畫運用得十分有序，無論是建築物本身或庭園、花木小徑一應俱全；餐廳、廚房僅是一牆之隔，但是窗明几淨，所有用具皆是使用數十年的舊式座椅物品。我去參觀時桌上還擺放著中

位於臺東市區的白冷教會總部，建築設計相當簡樸。

白冷教會內部設計一景

餐，簡便的三菜一湯蔬菜和水果，書房有一整面牆的書櫃，一張書桌椅、一部小型桌上電腦，觸目所見讓我承受極大震撼，簡單樸素是唯一的形容詞。

在極簡的土地、物件條件下，用減約的觀念進行設計，區隔各項空間；生活需求雖減至最低，但是休憩空間卻擁有大片自然光線，裝飾趣味也不曾遺忘，在桌櫃上就擺設有小花瓶變化了室內的氛圍，流露出一股清新的美感和氣質。建築物主體設計佐清水模方式建造，教堂、禱告室均為簡單的幾何塊面設計，整個空間裡外顯得舒適怡人，置身其中好像可以不被外界塵囂所干擾，透露出一股低調簡約的美感。

神父修士們用最簡單的生活方式，為土地與弱勢族群服務，奉獻出自己的生命，卻造福了很多需要的後山人。

▎用建築塑造東岸教堂風景

東海岸沿線有許多教堂，規模不大屬小巧玲瓏建築，卻各具特色，它們有的是來自國內外教友的勸募興建，有的是在地奉獻，例如宜灣教堂，當初就是阿美族教友們出錢出力，再由擅長土木的教友們自行施工興建，其建築籃圖，甚至僅憑著一張早年的耶誕卡片。大部分教堂建築多出自教會神職人員，他們從遙遠的異國來到這塊土地，投入傳教工作並著手教堂的興建，規畫建築時會將在地特色與條件納入考量，以至於出現迥異於歐洲傳統天主教堂的形式。

在臺灣白冷會神父的工作是負責傳教，而修士則依個人專長負

位於東海岸的宜灣卡片教堂外觀

責技術的協助和指導。1965年傅義修士自瑞士來臺，四十年的異地生活，他將一生投入臺灣這塊土地上，設計監工的建築以教堂及住家為主，另外也曾參與聖母醫院的建築。

傅義修士在瑞士修習過建築學，也有實際工作的經驗，他設計的建築考量到本地的颱風、地震、溼熱等氣候條件，以及建築材料如鋼筋、水泥與抗力等因素，像聖母醫院外牆的白色擋風板，不經意看以為是為了造型美觀而設計，實際卻是為了防颱而設計的保護措施。傅義堅持居住空間的品質，例如室內自然光線、通風設計及良好排水系統，戶外乾淨的草坪及景觀等，與白冷教會總部院區主體建築十分相似，同時也反映出教會本身簡樸的美感訴求。

傅義設計興建的四十餘所教會建築，其教堂天窗光線直接投射到聖檯上，宛如引進天主的神聖光芒、普照於祭檯及信眾身上；他堅持手繪圖稿，用筆墨繪製心中的聖潔教堂，長年身處異鄉傳教，支撐他的是心中堅定不移的信仰和對建築的虔誠情感。2003年興建完成的都蘭天主堂，是他設計與監工建築中的最後一件作品。

從他在東海岸設計的第一座長光天主堂開始，傅義以嚴謹執著態度要求施工品質，不符合建造標準甚至要求重建，其所建造的教堂呈現簡單、明快而俐落的幾何造形，遍布東部地區，形成東海岸獨特的教堂風景線。

左頁圖由上至下／
1. 長光天主堂內之天窗設計巧妙，將自然光導入室內聖檯區域。
2. 傅義修士設計的都蘭天主堂
3. 傅義修士設計的長光天主堂

▎文創品無分國界

　　2014年5月，一批五、六十年前漂洋過海到歐洲的雅美族文物由瑞士返航故鄉，史前文化博物館特別為它們舉辦特展，紀念一群熱愛臺灣的傳教神父和對少數民族的情誼。

　　紀守常（Rev. Alfred Giger）神父於1954年初到臺灣，在臺十六年間曾先後於阿美、布農、雅美族堂區服務，尤其在蘭嶼期間入境隨俗、融入雅美文化，對族人生活改善、教育提升、尊嚴捍衛等不遺餘力，族人為紀念他尊稱為「蘭嶼、雅美之父」。

　　紀守常神父於1956、1966年二次返瑞士休假，他攜帶臺灣原住民族雅美族人所製作的手工藝品，用這些「簡樸的禮物」做為致贈親友的伴手禮，事實上則身負另一項重任──以文物募款幫助在臺灣傳教的經費所需。

　　曾跟隨紀神父到蘭嶼傳教的依麗華（Elisabeth Gschwind）小姐，昔日在公東高工從事青年技職教育，她回憶當年曾經在蘭嶼教導年輕人製作的手工藝品，例如在傳統木盤上雕刻龍蝦、木板上雕刻拼板舟或椰子殼上雕刻圖紋等，以區隔傳統文物，讓族人可以自行開發產品，賣給觀光客補貼家庭收入。

蘭嶼早期的文創產品

雅美人專用來
盛煮飛魚的飛
魚盤

紀神父過世四十年後，雅美族人並未遺忘他的恩澤，除了出版專書和影像集來紀念他，2014年進而發起成立「紀守常紀念文教基金會」來傳承他的精神。遠在瑞士的依麗華等人獲悉，主動將上述珍藏半世紀的雅美族文物無償捐贈給基金會，讓雅美文物回到它原來的蘭嶼家鄉。

蘭嶼傳統工藝品皆有專門用途或意義，例如煮盛飛魚有專用的木盤，木製器物也有男女區別，早期極為忌諱濫用。傳教士們在1970年代到蘭嶼推廣手工藝教育，也避開傳統規範另以創作替代，從文創角度來看，這些手工藝作品無論在原住民或臺灣社會皆屬早期的文創開發產品。

（五）鑼鼓聲響／酬神的歌仔、布袋戲

臺灣民俗藝術的發展，無論是動態的戲曲、戲劇表演，或是靜態的傳統工藝，素材多半來自民間流傳故事，民俗藝術家將這些內容轉化為教忠教孝的藝術表現，使傳統藝術與忠孝節義教化兩者互為表裡關係。

臺灣傳統廟宇不僅是民間信仰中心，也是老居民情感交流與精神寄託所在。每逢廟宇神明節慶，家家戶戶準備牲禮祭拜，歌仔戲、布袋戲等民間戲曲、戲劇輪番登臺酬神演出，民間技藝、藝陣參與表演，鑼鼓喧天響徹雲霄，這是祖先留下來的傳統習俗，也是老少咸宜、闔家觀賞的嘉年華會，堪稱集合儀禮與美感藝術於一堂。

為了迎接神明節慶，從信眾自發性做粿食品，準備祭拜用的供品、牲禮，到廟方規畫祭儀及各項酬神表演活動，形成一套完整且環結相扣

的在地宗教文化體系。以新北市三峽區清水祖師廟慶典來看，早年屯墾
時期常遭野獸及傳染病侵襲，乃殺豬以祭山神，後來與信奉的祖師爺大
年初六誕辰活動結合，演變成為今日的「神豬祭」。

　　豬隻是大型牲禮，擺於祭典供桌，獻上對神明的敬意。先將屠宰後
的豬體撐開，豬隻四腳大張，供奉於供桌上以彰顯龐大；再將豬牲禮的
嘴巴裡塞個橘子或鳳梨，象徵吉祥。信眾們以飼養豬隻相互較量，演變
成神豬競賽，以豬隻重量做為標準，獲得勝利會為未來一年帶來好運。
信眾為了神豬競賽，飼主費盡心思親自飼養，每天供應神豬早晚兩餐，
還親手調製的零食餵食，夏天擔心怕熱，全天候吹電風扇送涼，冬天則
有保暖燈驅寒保暖；有些甚至為保持神豬愉快的心情，還放音樂給牠
聽，據說很合神豬的胃口。

　　三峽神豬祭就在此背景下形成，每年由輪值爐主負責祭祀，廟方先
派員秤重選出神豬，進入決選的豬隻也經過精心設計在美侖美奐的花車
上供大眾欣賞，獲得特等獎的神豬，體重都超過一千臺斤，相當龐大。
昔日，農家養豬是重要副業，豬隻養得又肥又大，表示主人家工作勤
奮，且可以賣得好價錢，因此崇尚「碩大是美」的標準，三峽神豬祭可
以說是這種價值觀的美化形式，獨特的美感經驗自成一格。

三峽祖師廟的「神豬
祭」（曾允則攝）

上、下圖 /
三峽祖師爺誕
辰活動是地方
年度盛事
（曾允則攝）

三峽祖師爺誕辰活動是年度地方盛會，隆重的祭儀及接續上場的陣頭表演及傳統舞龍、舞獅技藝，重現了昔日廟會的熱鬧氣氛，總是吸引大批各地信徒或民眾前往觀賞，將小鎮擠得萬人空巷。不過近年來環保意識高漲，賽神豬的活動是否合宜引起多方討論，環保人士認為過度飼食有虐待動物嫌疑；而依照習俗，牲禮的豬肉需分給在場信徒、民眾食用，這是早年物質缺乏年代分享供食的美德。信徒則認為神豬祭典已成在地傳統文化，不可能輕易廢除，盼外界多加尊重。

臺灣前輩畫家郭雪湖1930年的作品〈南街殷賑〉，可做為地方廟會節慶經驗的代表。作品描繪大稻埕的南街（今迪化街）霞海城隍廟口大拜拜歡度節慶的熱鬧場面，街道上閩南、洋樓、仿巴洛克等多元建築物林立，五彩繽紛的中西式及和式招牌上下穿插，民眾湧入擁擠的馬路，攤販叫賣南北貨的聲響此起彼落，現今迪化街年節時仍可感受其熙攘人群與熱鬧繁盛的榮景。

「殷賑」為豐饒、富足之意，郭雪湖的作品涵蓋了民俗節慶祭典、都會景觀及商業、庶民文化現象，透過畫作為我們留下了豐富的臺灣歷史人文等意象，而這幅繪畫的美感經驗也為臺灣文化的多元生命力寫下註解。

郭雪湖　南街殷賑
1930　膠彩、絹
188×94.5cm
（藝術家出版社提供）

登臺演出歌仔戲

　　歌仔戲又稱歌仔、歌戲、歌子戲，是發源於臺灣的戲劇藝術。20世紀前後，宜蘭當地的「落地掃」吸收車鼓陣等元素，又融入高甲戲、南北管戲、平劇等各類大戲精華，逐漸具備完整的戲曲形式，是臺灣最具代表性的傳統表演藝術。

　　歌仔戲以臺語說唱方式演出，早期移民在傳唱本地歌仔時，將多首歌仔套詞，形成完整的戲曲劇情；隨後又加上角色扮演、身段動作及服裝，逐漸成為大戲，最大特色是劇中的男主角多半由女性演員反串。由於歌仔戲貼近民眾生活，且曲調採自歌謠小調，受到社會各階層歡迎。神明節慶上演酬神戲時，廟埕空地搭起戲臺，演員們化妝準備登臺；當鑼聲響起，村莊裡扶老攜幼，手持板凳前來看戲，是農業社會重要的娛樂活動。

　　早期教育未普及，歌仔戲演出內容多半與忠孝節義故事相關，是鄉下民眾學習接觸文化的機會，戲臺下經常可以看到老輩民眾隨著劇情的高潮起伏，時而開懷大笑、時而涕流滿面的場面，足見戲曲對人心的影響力。歌仔戲演員依故事劇本，善惡忠奸角色以裝扮或唱腔、身段表演

明華園歌仔劇團是臺灣歷史最悠久的歌仔戲團之一
（王栩韻攝）

不同的情節內容，穿插丑角的活潑串場，帶動起舞臺戲劇效果；而經常由女扮男裝的俊美男主角，則是當時民眾爭相追逐的對象。

經歷日治時期皇民化運動及國民政府來臺後推行的國語運動，壓縮扭曲了歌仔戲的表演形式與空間；不過在歷代藝人不斷的努力傳承及本土化運動推波助瀾下，歌仔戲重新獲得發展的動力。

1980年代，臺灣本土意識逐漸高張，歌仔戲開始出現變化。舞臺歌仔戲的出現使服裝道具進一步精緻化，燈光舞臺效果也更加講究，歌仔戲團開始進入國家戲劇院及各縣市文化中心演出。1992年臺灣第一個公立歌仔戲團「蘭陽戲劇團」成立，以制度化進行歌仔戲的研究創新與推廣；2009年歌仔戲被列為傳統藝術類之臺灣重要文化資產。

當代的歌仔戲演出型式內容日漸豐富多元，許多知名戲團與重要藝人如小明明（巫明霞）、葉青、廖瓊枝、楊麗花等也享譽國內外，目前全臺歌仔戲劇團約有百餘團體，以節慶廟會演出酬神戲為主，其中1929年成立的「明華園歌仔劇團」，是臺灣歷史悠久的歌仔戲團之一，已邁入第三代經營。該劇團秉持著「野臺戲」精神，只要觀眾有需求，不惜踏遍全臺各鄉鎮、離島，甚至在空地上也可以自行搭建舞臺演出；以現代

明華園公演一景
（王栩韻攝）

化、企業化經營的明華園，歷經時代變遷、戲劇興衰，舞臺布景道具由簡單到精緻聲光舞臺，演員從古裝劇演到時裝劇，仍堅持不斷地朝創新表演與文化薪傳等目標發展，對表演藝術的熱情如同臺灣人強韌生命力的展現。

▌布袋戲與時俱進

布袋戲又稱手操傀儡戲、掌中戲等，在臺灣的發展最為蓬勃。布袋戲在臺灣所扮演的角色，與宗教信仰、天地神人關係、經濟、文化傳承與維繫相當緊密。19世紀中期，布袋戲隨移民渡海來臺表演而傳入臺灣。傳統布袋戲表演形式相當簡單，使用布簾架起簡易戲臺就地演出，傳統的小戲偶也僅約30公分高，頭部套入連身布料，再凸出四肢，只要放入手掌即可操作戲偶點頭、搖頭、行走之動作，初期在臺灣廟口以酬神戲型態演出。

日治時期布袋戲開始本土化，後場音樂改採當時盛行的北管樂（福路、西皮），操作上由文戲發展到武戲，豐富了表演技巧；劇本方面也開始改編通俗演義、章回小說、武俠小說等。

1953年布袋戲進入黃金時期，

傳統布袋戲的各種
角色——生旦淨丑
（由左至右，藝術
家出版社提供）

黃俊雄「金光布袋戲」的出現，將戲臺由木雕彩樓改用布景彩樓，戲偶
造型改良成3呎3吋，木偶的眼、鼻、口、手指活動自如，身段唱腔有別
於傳統，後場鑼鼓也改用西樂唱片配音，並製造乾冰、燈光外加雜耍特
技等華麗的視聽效果，將布袋戲推向新的里程碑。1970年黃俊雄以「改
良的金光布袋戲」配合音效、特技及流行音樂，在臺視編演〈雲州大儒
俠〉，讓史艷文角色風靡全臺；隨後再推出「霹靂布袋戲」，開始以影
視文創產業方式經營布袋戲。由於人物的擬真形象，使劇中主角成為愛
好者的偶像，每年還舉辦cosplay（角色扮演）聚會，其周邊商品包括木
偶、劇集原聲帶、電腦、線上遊戲等，也帶來龐大商機。

　　傳統布袋戲在現代社會雖然無法擺脫逐漸沒落之實，但在民間酬神
演出仍占有重要位置；布袋戲團也因應時代變遷，簡化至一部中型卡車裝
臺拆卸的型式，逢神明生日或節慶，經常在廟宇前廣場上演出，尤其開演
前由布袋戲偶「扮仙」獻上祝壽的祈福儀式，仍未脫它原有的目的。

　　布袋戲偶的製作，除了服飾設計，重點集中於頭部造形的刻劃與物
件搭配，生、旦、淨、末、丑等各種角色，在五官上添加眉、髮式及鬍
鬚的變化，朝廷命官或書生人物也有不同的帽飾身分象徵，無論以美化
或誇張形式凸顯人物個性，都極具化龍點睛之妙，除了影響民間對戲偶
人物的美醜造形概念，也是時下動漫的造型先驅。

左頁圖由上至下／
1. 現今野臺布袋戲
　多簡化為中型卡
　車裝臺拆卸的形
　式
2. 野臺布袋戲演出
　後臺
3. 布袋戲「扮仙」
　是民間藉戲偶表
　達信仰的重要儀
　式之一

大甲鎮瀾宮媽祖至嘉
義新港奉天宮繞境進
香（黃士容攝）

（六）神明的化妝遊行 / 媽祖出巡與展演

　　大甲媽祖遶境進香是臺灣重要的民間信仰活動，動員數十萬信眾，人數之多、財力物力之龐大，皆是臺灣宗教界之最。參與人除了信眾之外，還包括許多主動參與「宗教行腳」的民眾，體驗臺灣民眾由信仰產生的凝聚力與相互扶持的人性美德。

　　大甲媽祖遶境於每年農曆3月間舉行，最早由臺中縣（今臺中市）大甲鎮瀾宮出發，到雲林縣北港朝天宮祖廟「進香」；1987年鎮瀾宮從大陸湄洲迎回一尊新的媽祖，作為湄洲媽祖在臺灣的代表，每年的「進香」活動也改到嘉義新港奉天宮「遶境」。

　　整個遶境活動莊嚴有序，包括請神、上轎、起轎、駐駕、祈福、祝壽、回駕及安座八個主要儀式。媽祖啟程時，負責探路的「報馬仔」一腳穿草鞋一腳打赤腳，頭戴斗笠，戴著黑框眼鏡，背著雨傘、繫著豬腳，手裡提著鑼，全身特殊化裝皆別具意涵。

　　哨角隊雄威的哨角聲響起，宣告媽祖出巡：大鼓陣以大鑼、哨吶、胡琴、大鈸、配合大鼓節奏，告知遶境隊伍前進；媽祖的前導華蓋涼

傘、馬頭鑼、令旗，凸顯出遶境的莊嚴；接著有龐大的繡旗隊——隊伍皆為發願苦行，以祈求家庭平安為信念，徒步往返八天七夜，是意志力的極大考驗；還有媽祖的護駕千里眼和順風耳；三十六執士則是神駕出巡之儀仗隊，是神明的威儀護法；另外集合三位彌勒的彌勒團、兩尊神像的濟公活佛、三太子所組成的太子團，以及活潑蹦跳的神童團等神佛皆一起出巡。

現今大甲媽祖遶境，徒步信眾沿途經過臺中、彰化、雲林、嘉義四縣、二十一個鄉鎮市，所到之處可說是萬人空巷，民眾爭相膜拜，跪地匍匐「鑽轎腳」，讓媽祖神轎從自己身上經過，祈求驅除邪靈或病魔，庇佑平安。2008年大甲媽祖遶境被指定為「國家重要無形文化活動資產」，更被國際傳播媒體列為世界三大宗教慶典之一，足見其影響力之大。

媽祖遶境集信仰、宗教藝術展演於一堂，宛如大型嘉年華會，隊伍就像是一場神明的化妝遊行。藝術家林智信大型版畫創作〈迎媽祖〉，內容入微地描述媽祖遶境的情形，不僅有各式陣頭、儀隊及各式神像隊伍，更是藝術、文化、歷史、傳統習俗的融合。

林智信成長於臺南歸仁，從小耳濡目染迎神賽會的熱鬧盛況，威風凜凜、莊嚴高大且經化妝的眾神爺，以及藝閣、陣頭隨著牛犁歌、車鼓陣、桃花過渡等民間曲調舞蹈的慶典記憶常迴繞在腦海中；四十歲那年，他發願以大型版畫紀錄媽祖信仰與節慶活動事蹟，讓後代的子孫能透過藝術作品，了解媽祖修苦行成正果而升天，並救眾生苦厄的情操。

　　1988年正式起刀進行「迎媽祖」水印版畫的繪製，同時慎重地到鹿耳門聖母廟祈求媽祖保佑開筆上墨順利，從發願、試作到1995年完成，總計花了二十年的時間。作品誕生後陸續獲得國內外美術館邀約展出，除了為他帶來美名；另一個重要的意義，在於透過作品描述節慶中的各種陣頭活動，為臺灣社會留下美好的庶民文化記憶。

▋ 宗教藝術的展演

　　臺灣民間信仰活動的熱絡，因應、衍生出相關的宗教藝術展演，例如動態的陣頭表演、靜態的細銀雕飾等，皆富有在地美感特色。每年各地慶元宵或神明壽誕日子都是地方盛事──迎請神像安奉於神轎，代表神明降臨人間巡行境內的街道，沿途家戶擺香案祭拜，祈求平安及酬神

臺東元宵節的
神明遶境活動

林智信　迎媽祖　1995　木板、紙　每幅91.5×183cm　（林智信提供）

楊安東
少年八家將-4
2013　水墨、紙
89×97cm

八家將與跪地祈
福迎接的民眾

謝願。以臺東元宵神明繞境為例，民間廟宇聯合為地方祈福，農曆15、16日兩天在臺東市附近鄉鎮均可看到神驕、陣頭出巡；活動高潮在於這兩天夜晚不僅有藝閣花車、八家將、官將首、鑼鼓陣、舞龍舞獅一起上街頭遶境，市區店家擺設香案、供品，以鞭炮歡迎神轎、陣頭，炮火四射熱鬧至凌晨結束。

傳統陣頭中八家將是王爺、媽祖等所有廟宇的開路先鋒，擔任主神的隨扈，家將出陣協助主神為地方掃蕩鬼邪、為信徒消災解厄；八家將陣頭包括范謝將軍執行捉妖、甘柳將軍執法、四季大神拷問，各司其職。八家將信仰發源於臺南，到嘉義後發揚光大，再普及到全省其他縣市。陣頭展演時有嚴謹的彩繪臉譜儀式，稱為「開臉」；八家將穿著配戴的各式傳統衣著、刑具、法器則代表不同的職掌與神祇，並有固定的陣法、腳步、動作，結合具宗教規範的力與美。

旅居臺東的俄籍畫家楊安東對八家將陣頭很感興趣，他參與民俗節慶後，深入觀察八家將的繪臉與裝飾等記錄，利用東方的水墨表現方式畫出心中的感動。

神明或家將能夠威儀地執行護佑地方的任務，為神明打造光鮮亮麗的外觀相對重要。在臺灣有一種獨特的宗教藝術類型，是專為「神

楊安東
少年八家將　2011
水墨、紙
88×49cm

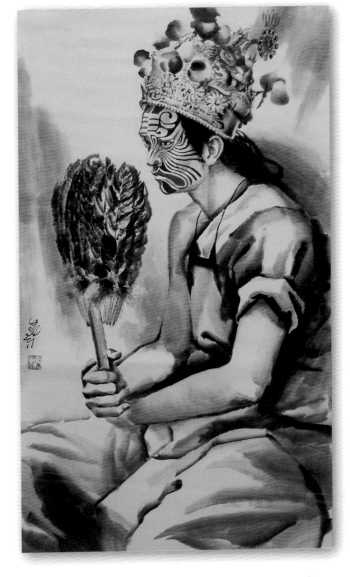

佛的金裝」而衍生出的金工業，是很特殊的設計工藝；臺南市的林啟豐、林盟振父子兩代專注於細銀工業，尤其將現代西方元素與臺灣傳統技藝結合，做出雕工細緻的銀藝品，將精緻細銀技術運用在神明戴的銀帽上，無論是媽祖帽、帝帽等作品，皆十分華美亮麗。

林盟振華麗的
細銀雕飾作品

林盟振的打銀技術，可以抽出一條條比縫線還細的銀絲，打造細銀雕製的令旗、帥旗、佛帽、元帥帽、鳳冠等工藝作品，北港媽祖廟、新港天后宮等神像上皆有其父子作品，細膩的技術令人嘆為觀止。

▌身心的救贖與洗禮

「南蜂炮、東寒單」是近年來元宵節的活動焦點。它們有一個共通現象，就是燃放大量蜂、鞭炮供人、神娛樂，且都從民間信仰出發，請神明出巡為地方消災解厄，為各地重要的文化資產與美感經驗來源。

臺南鹽水臨近海邊，漁民以討海為生，清光緒年間鹽水地區爆發瘟疫，漁民向當地信奉的「關聖帝君」（關公）祈求，獲指示在元宵節夜晚，請出周倉爺、關聖帝君等神明出巡繞境，以燃放炮竹助長聲勢以期驅除瘟疫；事後鹽水鎮在每年元宵節時皆舉行放鞭炮的祭祀活動，漸漸演變成今日名聞遐邇的蜂炮盛會。

鹽水蜂炮路線由武廟前起動，遶境全鹽水區，全副武裝的神轎與轎夫推著神轎在小鎮街道上穿梭，整個鹽水街道以蜂炮相迎；其中以為了酬神庇佑，店家精心設計的「炮城」最為壯觀，當神轎抵達炮城前時，店家掀開覆蓋炮城的紅布，點燃引信，剎那間蜂炮火力四射，絢麗奪目的火花流竄、震耳炮聲響徹雲霄。而神轎則在炮城前方不停晃動，接受蜂炮的衝擊洗禮；參與民眾個個從頭到腳安全防護措施齊備，聚集或躲

臺東地區元宵
節著名的「炸
寒單」活動

避在神轎後方，接受蜂炮一波波的轟炸威力，整個過程驚險刺激，如經歷戰場砲火般的震撼教育。

　　寒單爺相傳是武財神趙公明，臺東的寒單爺約在五、六十年前由西部信徒帶入，供奉於臺東市康樂橋下的養鴨人家，每年元宵節期間請寒單爺出巡為地方祈福，讓民眾炮炸參拜，使「炸寒單」演變成為臺東著名的元宵活動之一。至於為何要炸寒單，一說是寒單爺生性怕寒，人們以「炮火」為其驅寒，二則是寒單爺為「流氓神」，要以鞭炮聲聲來助長其風發意氣。炸寒單也成為特殊行業店家的最愛，每年寒單爺出巡時以巨量的鞭炮轟炸迎接，象徵財運亨通的好運氣。

　　炸寒單是以信徒裝扮成寒單爺，赤膊上陣站上籐椅，接受信眾以竹竿炮或連結成串的鞭炮洗禮，用肉身抵擋四面八方的炮火，如此萬人空巷、鞭炮四射的場合，令人體會宗教信仰深入民間既深且廣。

　　無論是鹽水蜂炮或炸寒單，參與的民眾當下就能充分感受視覺、聽覺、觸覺甚至嗅覺的高度震撼，相當刺激，這或可說是經由宗教信仰，藉著鞭炮洗禮，以身心的體驗獲得救贖與精神解脫的一種方式。

生活｜工藝

每個人體內似乎有一條美感神經，
將生活中周遭美的元素，
轉換為美感事物經驗，
美化我們的生活。

比西里岸部落原為放羊之地

第五章

　　生活中處處是實踐美感的場域，小至個人、大到群體，皆有一本屬於自我的美感書本，記錄每個人與群體的歡喜人生。

　　重視穿著美觀，體現個人流行與品味；對器物的愛好，使產品出現各式紋樣、色彩裝飾；講求怡情悅性，以種花盆栽添加生活情趣。人們對美感的追求，促使設計不斷創新，總總經驗成為提升美感能量與永續努力的目標。

　　現代社會美感的表現，象徵著國家的軟實力與競爭力。五光十色的元宵燈節，從古迄今魅力不曾減低；大小型的設計展，展現民間活潑的創造力；花博會的舉辦，結合臺灣自行開發的花卉品種與世界各地的產品比美，美侖美奐的畫面，都使民眾沉浸在節慶的氛圍裡，並且分享美感因子帶來的喜悅。

（一）穿著「帕哩帕哩」／時代的流行與美感

左頁圖／
配合竹子根莖
走勢雕刻而成
的竹雕工藝

　　衣服是日常生活中不可或缺的物件，服飾穿著反映人的身分與形象，穿著體面自然容光煥發，臺灣民眾形容人穿得漂亮，稱為「帕哩帕哩」，穿著體面自然容光煥發；「帕哩帕哩」這個詞是延用日本的外來語，近代日本在追求現代化過程中，認為當時的巴黎是世界流行中心，因此用「帕哩」（Paris）來代表時尚的意思。

　　從古至今，各時期衣飾有不同的流行樣式，穿著同時也是身分地位的象徵。臺灣最早的衣飾可能是樹皮衣與利用動物皮毛製成的獸皮衣，現今都蘭阿美族以構樹的樹皮為原料，經過敲打除去汁液，曬乾後再簡易縫製成衣褲，是僅存的樹皮衣飾；而使用獸皮曬乾再以鞣皮技術加以軟化，製作皮衣褲或鞋子的方法，布農、排灣、魯凱、鄒族等都有使用過的記錄，迄今鄒族仍很擅長。

阿美族樹皮衣
的現代形式

　　從基礎的食物到毛皮應用，野生動物一直是原住民最重要的夥伴與依賴，以動物製作成衣物、器具、裝飾品等生活器物，對信仰、習俗及藝術表現等精神層次也有一定的影響。臺東海端鄉布農族曾獵得罕見的臺灣雲豹，特別製作雲豹皮背心穿戴在身上，彰顯自身的社會地位與能力，這件由三片經過鞣皮處理的雲豹皮衣，加上當年外來布料一起縫製，雖然歷經百年，如今雲豹皮毛仍閃爍著光澤。

　　漢族移入臺灣後，帶入大陸閩、粵衣飾傳統，與本土各族群交互影響。身穿長袍，外加襖、褂或背心的正式裝扮，是清代漢人穩重、內斂性格的外顯形象；婦女服飾則以刺繡花邊裝飾的衫、裙為主，喜愛紅色布料，特殊節日時加上美麗的雲肩配飾，富貴人家結婚時換穿大紅蟒襖及霞帔尤顯雍容華貴。

　　當時閩、客婦女衣飾裝扮仍保存著各自族群

王亮以版畫描繪
客家婦女

的美感觀念。閩籍婦女由大陸帶來纏足習俗，認為穿上「三寸金蓮」（繡花鞋）走起路來搖曳生姿，顯示出女性特有的柔美韻味；客家婦女則不以纏足為美，平日著衫、褲，以簡單樸素的藍、黑布料為主，「藍衫」遂成為客家族群服飾美感的象徵。

文學家鍾理和的小說描寫過許多客家庄的樸實生活，版畫家王亮則以作品中的人物進行創作，展示於鍾理和紀念館內，讓文學與藝術內涵相互對話；透過入木三分的刻劃，例如〈耳環〉中的阿順伯母，身穿藍衫的半身像，簡潔俐落的線條與造形，使客家人物個性鮮明地活了起來，木刻版畫樸實而拙趣的特性，正好凸顯客家婦女的堅毅形象。

尚未完全西化時，臺灣服飾除了延續漢族傳統衣飾的形制，傳統開襟形式甚至影響阿美、排灣、魯凱族的服飾設計，混合而成今日各族服飾外顯的識別標識；此外，漢族的刺繡物品或圖紋裝飾，例如衣飾緣邊、肚兜、桌裙等或多或少也融合了本地平埔族的十字繡法和幾何圖紋。

日本統治後帶入和式與西化服飾，逐漸打開民眾的視野。當時臺灣社會一般漢人仍堅持以長袍馬褂為主，但搭配西式禮帽，城市居民開始流行西裝與日式服裝；年輕婦女則流行穿著合身的長衫，裙子也從傳統

陳進 合奏
1934 絹、膠彩
177×200cm
（藝術家出版社提供）

的馬面裙改為西式筒裙，甚至也接納和服或洋裝，呈現出多元風貌。

　　1930–40年間，西裝已成為社會上常見的服飾，正式場合逐漸以西裝取代；婦女穿著一方面受到中國大陸流行旗袍潮流，以及西式洋裝裁剪技術普遍化的影響，旗袍與洋裝逐漸成為婦女的主要服飾。1934年畫家陳進以膠彩畫〈合奏〉入選日本第15屆帝展畫作，畫中兩位穿著旗袍的婦女，坐在嵌花的黑漆長几椅上，一人彈琴、一人吹簫，顯示出高貴、典雅的氣質，在傳統樂器的襯托下，傳達屬於那個時代閨秀的美感。陳進隨後的〈悠閒〉、〈化妝〉等系列作品，也清楚表現那個時期的婦女裝扮時尚。

▋衣飾是時代的品味顯像

服飾的發展是一個時代的顯像，由其款式設計、色彩及材質應用等可以看出當時的環境與流行美感品味，服飾也很容易勾起我們生活裡的記憶。

泰雅族、賽德克族女孩從小要學織布、製作服飾，有了這項手藝，才有資格進行紋面，具備上述條件才能進一步論及婚嫁；簡而言之，女性進入夫家前，必須分擔家中的衣服製作，而紋面即是一種象徵，如同獲得部落、族人的認同。

1930–40年代裁縫機才出現，臺灣女孩出嫁前也要學裁縫，習得一技之長為自己、為家人做衣服成為必備才能，嫁過去夫家也比較有地位不會被看輕。婦女們紛紛接觸製作洋裝，當時裁縫是師徒制，必須要包個大紅包拜師學藝，不然就幫師傅家打掃、挑水、照顧小孩和做家事以換取學藝機會。

家母曾經歷這段歲月，但家裡沒能力，唯一可以做的是以工作換取學習機會，但家務事又無法讓她抽身。儘管如此，母親還是利用到街上買米、賣木柴等的零星時間，跑到裁縫店內看師傅們如何教授，把握零星的見習機會；她也跟著在紙上畫版型，學在肩、腰留下幾吋距離，如

左圖 /
賽德克族人從小要學習織布

右圖 /
泰雅族織衣相當有特色

服飾走秀已是今日
常見的活動
（陳秋如攝）

何開衣領和釦子這些基本的技術，後來還嘗試幫助小妹縫製洋裝。

到了1950–60年代，紡織業與各項輕工業的興起，經濟快速發展，民眾生活消費水準提高，各地百貨公司和服飾店如雨後春筍般出現，衣服需求由保暖功能邁向追求美觀、舒適，樣式也愈來愈多；而校園內統一制式的學生制服，雖然有點土裡土氣，但終究能夠保暖。紡織業的興起，使很多國中生畢業後就到工廠實習，過著半工半讀的獨立日子，是紡織工廠最興盛年代的現象。

1970–80年代，衣飾跟隨西方時尚不斷地變化流行，裙子忽長忽短，例如流行迷你、中長裙，褲子也一樣有喇叭、熱褲，甚至窄褲管的AB褲等，款式爭奇鬥豔。1990年代民眾美感經驗提升，注重穿著品味，轉向以選擇、搭配服飾為原則，以顯示出自身的氣質與特色。

跨越20世紀，臺灣與國際的接觸日益頻繁，各種流行衣飾雜誌與資訊充斥，服飾結合髮型、生活等時尚走秀成為常見的活動，民眾追求衣飾美感，不論極簡主義、復古情調與前衛風貌等各式各樣的服裝款式皆

鄭鈺錡的服裝
設計朝新視覺
藝術發展

有愛好的消費者，國內大學也開設服裝設計科系培養人才，服裝製作逐漸進入專業時代。

今日臺灣的服裝設計無論是設計師作品或產品發表均開始嶄露頭角，新銳設計師鄭鈺錡在追隨時尚之餘，致力創造實驗性服裝，除了注重美感與細節設計，也擅長異材質布料拼貼組合，嘗試各種服裝輪廓與立體版型開發，服裝設計觀念朝創造新的服裝視覺藝術發展。

▌ 服裝設計新銳在國際舞臺獻藝

早期臺灣紡織不甚發達，原住民的服飾由簡易自然素材應用，加入裝飾性質，到融入社會大環境裡與各式服裝設計比美，歷經艱辛過程的同時卻也顯示出獨特的風格。

泰雅編織技藝師尤瑪‧達陸是一個實際的例子，她為了尋找失落的

泰雅服飾,進入田野裡訪問許多耆老,並親自種植苧麻、採收、製線、染色、織布,每一道手續皆以傳統工序製作重現,一點一滴找回泰雅服飾編織的信心。尤瑪以泰雅織物研究為核心,一方面發展泰雅族傳統染織工藝,另一方面也嘗試傳統與現代的傳承及創新,進行現代泰雅服飾創新與纖維藝術創作,以苗栗象鼻部落為基地,將產品拓展至市場。

　　設計師陳劭彥主修針織,擅長開發各種布料,把一些意想不到的材質拿來做服裝的創作,2015年他選擇苗栗的藺草為服裝材質,進行染織紋理處理和顏色拼接等混搭的纖維設計,開發、運用本土素材。陳劭彥的自創品牌「Shao Yen」,連續十屆在倫敦時裝周發表服裝設計作品,引起國際時尚界的驚艷,作品廣受世界矚目;2009年他獲得比利時時尚周大賽(Fashion Weekend Competition)新興設計師首獎,英國時尚設計雜誌Another還評選陳劭彥為「最被看好的新銳服裝設計師之一。」

鄭麗雲從作品中萃取美感元素，應用於服裝設計。（鄭麗雲提供）

　　從尤瑪·達陸到陳劭彥，可以看出臺灣新生代服裝設計師已經展露光芒，以紮實的創作實力在國內外各種場合競技，不僅在傳統裡吸取養分，也能夠與國際時尚界接軌。

　　時下服飾創作發展已從單一功能發展到尋求跨領域的突破。旅外從事油畫創作的鄭麗雲，採取刮除的方法進行創作，作品畫面以線條、色彩的漸層與重複的編織構成，像一幅幅有溫度的手感編織。鄭麗雲觀察大自然，以地、氣、水、火等四種重要元素做為創作靈感，用線條創造出來的浩瀚大海或壯闊河山，讓人回想起她當年創作大幅水墨山水的文化底蘊。近年來她從平面創作中萃取元素，成功地結合多媒材並應用於服飾設計，比較起陳進當年描繪的婦女美感經驗，真是不可同日而語。

（二）樹石有情／漂流木與雅石

居家環境美化及綠意庭園，給我們生理、心理上的美好舒適感，進而提升生活的品質。臺灣民眾喜愛在屋內外擺上樹石盆栽美化，一石一樹的盆栽彷彿大自然的縮影，讓我們聯想到廣大深遠的大自然情趣，兼顧怡情養性；同時也能反映人與自然和諧相處，體現萬物合一的心境。

自然界萬物各有其所，山川樹石亦有情，惟當每年颱風侵襲臺灣帶來重大災害，山崩、土石流夾帶大量漂流木沖到河床、海岸，造成樹木橫臥遍野、觸目驚心的景相。原住民將漂流木視為有生命的樹木個體，卑南族藝術家Iming從小生長在臺東知本部落，他看著昔日翠綠的山林逐漸褪色——不論是大自然或是人為破壞——成為一片光禿禿的山頭，這些災害讓老一輩經常嘆息，因為過去大家認為每棵樹都有靈，樹木是不能隨意亂砍伐的。

〈樹靈〉、〈家屋〉裝置藝術作品即在這種背景下製作，Iming用漂流木及樹頭等素材，分別搭蓋起一座圓形小屋及擁著三面木牆的傳統家屋結構，人可以自由自在地在空間中出入，如同原住民早期的生活區域，既

Iming以漂流木、樹頭等媒材創作的裝置藝術〈樹靈〉

Iming以漂流木、
樹頭等媒材創作
的裝置藝術〈家
屋〉

可遮陽蔽風又呈現視野通透，讓人感受到樹木帶給人類的多樣好處。

Iming認為，一棵樹在山上生長到死亡，或者遭濫伐棄置，經颱風雨水沖到河裡漂流到海邊，再被人撿回來，經過創作重新給予生命，形成一個循環──從土地到海洋，再回到人類環境，就像是一個圓一樣，這樣的觀點體現原住民安身立命於蒼茫天地間的智慧。

旅居國外的水墨畫家巫素貞，擁有傳統書畫的涵養背景，她選擇加拿大海邊、溪邊的漂流木做為創作題材，應用漂流木奇特的造形與藤壺植物搭配，呈現天地造物之奇與野性之意趣，開拓水墨畫的內涵；也常以漂流木結合花草物件做為居家環境美化布置，藉漂流木隱喻自我身心處境。

樹石的天然素材造就出特別的自然美感，樹木可以成為盆栽，在生活中為我們帶來美感涵養，石頭也可以成為雅緻的藝術品。臺灣各地常有盆栽、雅石展示，邀請愛好人士一起展出、砌磋，分享彼此的心得與交換美感經驗，長期以來我們生活周遭在這種東方美感氛圍的涵養下，

上圖／巫素貞　漂流木　2015　彩墨、紙　60×85cm（巫素貞提供）
下左、右圖／巫素貞以漂流木創作裝置擺飾

達到潛移默化的效果。我常在想，愈花時間投入樹石盆栽，愈能夠栽
培、製作出心目中理想美的模式與造形，那份經營心力，或許可以成為
美感溫度的指標。

樹石盆栽凝聚
自然之美

▌ 自然的複製——樹石盆栽

　　樹石盆栽將樹石之美移植在小小的天地裡，小盆小樹如同藉一沙一世界來觀看大自然之美，比對真實的林木、奇石絲毫不遜色。

　　盆栽分為山水盆栽與樹石盆栽兩種類型：樹石盆栽通常師法自然，在看似無章法的培養過程中，依原生樹的枝葉伸展，設計出它的造形，有的在古樸樹根上長出枝枒，有的營造樹木的雅緻。無論素材選擇、盆器搭配、栽植技術與細心照料，以呈現和諧自然的美為最上乘，這也是盆栽為何被稱為「立體的繪畫」或「無言的詩詞」的原因。

　　盆栽是大自然的縮影，也是最能夠反映出人與環境融合的心境，生活中有樹石的陪襯，不僅可以怡情悅性，大環境更適合以自然貼近群眾生活，在無形中生發美感素養。

　　臺灣的盆栽發展約百餘年歷史，早期為移民引入中國盆栽觀念和技法，以樹形為主，榕樹、榆樹盆栽較多，流行於臺南、彰化、鹿港、新竹等地；日治時期受到日本盆栽文化影響，技術趨向精緻化，以自然生長的苗木進行栽植和定植，使其比例協調具觀賞性，日本盆栽藝術要求

修剪整形，去除多餘樹枝，外觀看起來具有層次感。

　　臺灣受地理環境及氣候影響，樹石的美感風格自成一派，不若江南庭園以堆砌奇石為山水奇峰的美感品味，傾向使用本地盛產的珊瑚石做為家中庭院的造景布置，造形嶙峋的礁石，呈現一種島嶼或海洋風味的獨特美感。

　　1990年後臺灣盆栽逐漸走出自己的特色，除了傳承成熟的日本栽植技術，追求老樹靈性與蒼勁，也開發具本土特色的五葉松、真柏、茶花與七里香等樹種；盆栽文化脫離玩賞階段，從心境出發，以盆栽領悟自然萬象的真實，提升臺灣盆栽的意境。

▎玉石與雅石

　　東海岸大山大海間，盛產純淨美潤的玉石，各類玉石如同原始美的呼喚，從史前時代就應用花蓮豐田玉（綠色閃玉）製作精緻的玉器，到現代發展成為精美的玉石工藝。

　　玉石是一種礦物，以礦物學來區分可分為硬玉及軟玉兩類。花東玉石質地溫潤、細膩，透明度高且沁色好，一直受到歡迎，主要種類有透光性的「玉髓類」，如紫玉、各色玉髓、雪花玉、年糕玉等；不透光性的「碧玉類」，如總統石、虎斑碧玉、花碧玉、紅黃碧玉等。另外，墨玉為黑色蛇紋石，在強光下呈現黃、綠色澤，是夾帶獨特黑色斑點且具磁性的天然玉石，從花蓮縣萬榮鄉西林往南到卓溪鄉清水溪流域，當中

左圖／
吳義盛以雪花玉的色澤、形狀為靈感創作石雕作品

右圖／
吳義盛以簡約造型凸顯墨玉本身的質地紋路

的壽豐、瑞穗、玉里皆是墨玉主要產地。

　　從事玉石創作的吳義盛不僅運用雪花玉等玉髓，從其色澤、形狀、顏色作為靈感，創作各式工藝品；同時他也認為墨玉是大自然賜予的寶藏，以此材質製作造形簡約的杯碗，可透出墨玉質地真實、自然的美麗色澤。

　　雅石是另一種天然石藝品，在經過上千上萬年大自然的熔煉、鑄造、淘洗、打磨洗禮後，人們利用這種未經人工切割、琢磨所形成獨具美感的石頭，稍做整理修飾和搭配，放置於櫥櫃、案桌，是很有美感的室內擺飾，賞玩雅石因而成為一種高雅的精神享受，也形成一股「玩石」風潮。

　　臺灣雅石文化傳承了中國傳統賞石藝術的自然美感，例如「瘦、皺、漏、透、醜」等高尚樸素的特點，加上立體藝術點、線、面的力道美感，搭配適合的檯座、水盤，呈現山水意境及悟禪悟道境界，既能休閒娛樂又能修身養性。

　　社會大眾生活中喜歡賞玩雅石，一為玉石般的通透色澤，二為石質紋理，例如自然山水縮影，花蓮立霧溪、三棧溪、木瓜溪盛產的玫瑰石就結合了這兩項特色。玫瑰石由含錳

南田雅石上的抽象圖紋

玫瑰石經磨製後呈現出
如山水般的詩意紋路

南田石藝品在達仁鄉形成一股文創風潮

礦物所組成，地質學家稱為「薔薇輝石」，由於紋路剖面含有粉紅色結晶，呈現討喜的玫瑰色澤，十分受到歡迎。玫瑰石在研磨拋光後常露出如水墨畫或油彩般的複雜紋路與色塊，磨製師傅發揮其敏銳的鑑賞能力和美學素養，雕琢出氣韻獨特、氣勢磅礴的山水意象，以及抽象或半抽象的斑爛色彩作品，如詩如畫的意境，像是賦予雅石新的藝術生命。

近年來受到雅石界追逐熱潮的「南田石」，盛產於臺灣東南海岸，屬於硬沙岩，遇水呈現黝黑色澤，表面光滑且附著在上面的條紋千變萬化，有山水、人物、動物與抽象造形，或是書法上講究的點、勾、撇、彎、落等各式筆觸，韻味自然天成。屏東、臺東交界的達仁鄉海邊，常有民眾慕名而來撿南田石，當地的東排灣族人家庭也常將之當成家庭擺設，甚至部分由西部前來的石雕工藝家落籍當地，以石頭為業，開設的工作室內外擺滿了大小顆南田石，更特別聘請排灣族人製作各式各樣的南田雅石或工藝品販售。

南田石的雕刻或盆景製作，石雕家通常順著石質紋理或線條刻劃得唯妙唯肖，有的利用它特殊的造形製成讓人會心一笑的作品或雕刻成實用的小器物，以及彩飾為小貓頭鷹等小飾品，也有客製化的雅石盆景，各式手工藝品擺滿店面櫥櫃，雖然尚不足形成大規模工業，但儼然已成為當地的另一種文化產業。

（三）巧奪天工／編織技藝之美

　　臺灣各地盛產竹、籐、月桃、藺草、麻等植物，各族群也利用這些材料編織出實用的生活器物，形成編織工藝製作傳統，除了反映當地的植物特色，也結合民俗技藝傳承，發展為地方產業的基礎。

　　竹的外觀挺直秀逸、虛心有節，象徵人品清高的涵養，梅蘭竹菊被稱作「四君子」。竹比擬氣節，文人常引喻自勵；竹林景觀更是意境飄渺靈秀，賦有浪漫情懷，引人靈感以吟詩作畫；竹題材更是水墨畫大宗，自成一套竹文化內涵。

　　竹的生長快速，約三、四年即可砍伐，應用到生活相關的事物上：農、漁業社會裡用的雞籠、豬籠與漁具，工業社會的鷹架、圍籬等都是竹器，生活裡食、衣、住、行、育、樂各層面，以竹製作的器物大如竹桌椅、竹床，小至謝籃、飯盒、結婚禮籃或文房四寶等包羅萬象，幾乎全面涵蓋，無論粗獷或精緻皆宜，是十分具親和力的材料。

阿美族製作的
月桃籃

竹林在臺灣很常見

　　苗栗南庄賽夏族居住區域出產竹、籐，早期族人利用竹籐製作竹背簍，用來背木材及農作物，如採收桂竹筍、地瓜、芋頭、玉米等農作物，部落裡竹、籐編織手藝盛行，潘三妹從小看著父親製作這些生活用具，耳濡目染喜愛這項工藝，促使她日後向國寶級竹藝師傅張憲平學習更高深、精緻的編織技術，花了十年時間邊作邊學，終能自成一格。

　　出生南投鹿谷的邱錦緞，小時候受到溪頭老家竹林美景的涵養，對竹編產生興趣，成長後向國寶級竹編師傅黃塗山學習，苦練各種編織技藝，獲得國內各大獎項肯定；邱錦緞偏愛桂竹材質，無論是傳統或創新，技藝巧妙、造形優美，作品呈現多層次的細膩生動。她也開設工作室傳承竹編工藝，她的作品朝創新和結合各項材料發展，竹編帽飾細緻優雅，竹容器交織變化多端，傳統的造形卻有著千絲萬縷的經緯，稱得

左圖 /
泰雅族的籐背籃

右圖 /
竹製謝籃在過去
是很常見的容器

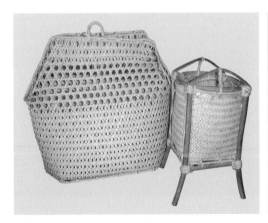

上巧奪天工，具現代感又不失傳統工法，充分演繹其形容的「竹工藝生活化」。

現今環境變遷，電腦科技發達，竹編工藝耗力費時且市場消費降低，傳承出現危機；潘三妹返回部落後，開設編織工作室，除了製作竹背簍、花器、燈罩等傳統用具，也思考現代生活需求，開發提包、筆筒和桐花編織等裝飾品，推廣到縣外地區，她的創作融入現代元素並兼顧傳統實用價值，走出具有濃厚賽夏氣息的藝術風格。

竹、藤器物無論是置物容器、桌椅用具、裝飾物品等，與我們生活連結極深，其造形外觀及編織技藝的演進，也反映出不同年代編織工藝的背景及技藝。竹器本

潘三妹的
藤編作品

阿美族藝術家伊祐‧噶照擅長以竹為媒材創作裝置藝術

身隨著時間流逝，光澤由青澀改成金黃，再轉為棕褐色調，循著古雅的色澤痕跡，我們很容易感受歲月留下的溫潤觸覺美感。

▌蘭草編與生活創作

　　早在漢人移居臺灣之前，島上的原住民已經利用月桃、竹籐、蘭草等材料編織成生活上實用的籃子、篩子及蓆子、簍子等多種器物；清代在大安溪苑裡一帶的平埔族婦女，已將溪邊野生的蘭草曬乾、壓平編織出草蓆使用，後來更把蘭草苗移植到水田種植，並改良成細條纖維，編織出更精細的草蓆，形成蘭草編織傳統。

　　蘭草俗稱「蓆草」，大安溪以北至苑裡溪以南一帶的蘭草質地最佳──細緻、堅韌，相當適合編織工藝使用，編織成品以草蓆、草帽等為大宗，苑裡許多婦女都習得一身好手藝，從事蘭草編織為家庭增加收入，於是此項技藝漸漸流傳開來，成為苑裡的百年傳統產業。

　　日治時期蘭草編織開始外銷到日本，國民政府來臺初期曾達到高峰，苑裡、大甲、通霄等地家庭幾乎都有人從事蘭草編織業，草蓆、草帽製品也在社會上廣為流行；據說當時家中若有一個人會編織蓆帽，就可以養活一家六口人，發展出「苑裡蘭」的美稱。

　　成長於臺中清水的林黃嬌，因家境貧困從小沒有念書，幫忙編織草帽養家，長大嫁到臺東仍不忘這項編織技藝，閒暇時編織玩偶、錢包等小物件，放在自家餐廳當作擺設裝飾；五十二歲那年，她開始鑽研更高層次的蘭草編織技藝，朝藝

邱錦緞工法細緻複雜的竹藝作品

林黃嬌的蘭草編織工藝作品技巧高超

術創作耕耘，開創了藺草編織的新樣貌，同時到各地展出，受到民眾稱讚與歡迎。林黃嬌不識字也從未拜師學藝，生活中的事物如農舍建築、信仰的神像、傳說中的龍和動物造形及族群服飾等，皆成為她編織的題材；另外她也把熟悉的農村生活情景化為編織題材，包括農村生活中悠閒的老人、公雞、牛羊等，以作品反映她的人生經驗。

▎油紙傘工藝

　　臺灣傳統婚禮上，新娘出嫁下轎時，媒婆會用紅色油紙傘遮著新娘以作避邪之用；民間節慶中，油紙傘作為遮蔽物撐在神轎上，象徵圓滿的意思，也作為人們遮日避雨、驅惡辟邪的象徵。

　　油紙傘是民間習俗中具象徵意義的物品，日治時期曾延聘大陸的製傘師父來臺傳授技藝，由於客家人對傳統習俗的尊重與需求，油紙傘工

美濃東門樓上之匾額「大啟文明」

藝乃落地生根；另外一説是由廣東梅縣製傘師父渡海來臺，落腳於高雄美濃定居，而將技術傳入美濃，成為在地的代表性手工藝。

　　進入美濃客家庄，1755年（乾隆二十年）創建的東門樓轟立在美濃河邊，外觀古典、雅緻，一直是美濃醒目的地標。道光年間庄民黃雲高中進士，在東門樓題匾「大啓文明」，成為客家人重視教育的象徵。1895年日本侵臺時，東門樓遭砲轟毀壞，戰後當地人仿清朝龍簷鳳閣之外觀形式重新建造，赭紅色屋瓦和樓頂屋脊、彩繪等裝飾十分顯眼，反映美濃人維護傳統文化的決心與象徵。

　　東門樓是世代美濃人耳熟能詳的共同記憶，劉啟祥的作品〈美濃城門〉，豎立於畫面右側的東門樓造形十分特別，對比前景昏暗的屋舍形成焦點，整幅畫作瀰漫著棕色調，流露出濃郁的懷舊之情。今日進入美濃，東門樓依舊，早已不聞砲聲，反而是客家庄以好客迎人，象徵客家

劉啟祥　美濃城門
1977　油彩、畫布
36×45cm
（藝術家出版社提供）

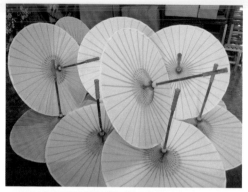

上圖／
美濃油紙傘

下圖／
美濃油紙傘繪
製人物、花卉
等地方特色。

的藍衫及油紙傘隨處可見，顯示美濃人對傳統文化的尊重態度。

在早期客家庄裡，油紙傘是遮陽擋雨的日常用品，也是嫁娶婚俗禮儀不可或缺的物品。客家話「紙」與「子」諧音，因此嫁女兒時，女方通常會以兩把紙傘作為嫁妝，取其「早生貴子」的意思；且油紙傘張開後為一圓形，適合用來祝福新人生活美滿圓滿。

美濃油紙傘製作工序繁複，首先傘骨竹材必須堅硬有彈性、不易折斷，以孟宗竹為上選，竹材大部分來自南投縣竹山或埔里；製作過程需先浸泡、曬乾竹材以防止蟲蛀，經削傘骨、傘頭、傘柄、鑽孔穿線組合等傘骨結構，再上膠、裱紙、修邊、上柿子油、曝曬、繪畫、裝傘柄固定等步驟之後才完成。

早期美濃紙傘廠都以「廣」字命名，如廣振興、廣德興、廣榮興、廣美興等。1960年代，美濃紙傘業達到最興盛，當地共有二十幾家紙傘廠且每年生產約二萬把以上；臺灣工業起飛後，機器洋傘方便又價格便宜，逐漸取代油紙傘，造成不少傳統製傘廠被迫停業；1980年代後，旅遊風氣興起，油紙傘順勢搭上觀光熱潮，由實用目的轉變為代表在地文化的文創產品，油紙傘工藝結合古典山水、人物或吉祥物件彩繪，是早期民間生活器物結合傳統文化、美術的完美例子。

（四）文創風潮／工藝與動漫

天馬行空的發想，帶給人無限美好的想像空間，古代人們就靠著創意，將兇悍、令人畏懼的獅子轉型、塑造出新的吉祥獸形象，為生活帶入愉悅與驚喜；現代社會更藉科技與數位多媒體延續這股創意風潮，為

廟會舞獅
（曾允則攝）

人們緊張焦慮的現實環境提供紓壓與療癒，並引領社會流行趨勢。

　　獅子兇猛異常且力大無窮，被形容為萬獸之王，人們運用牠的威猛
形象來抵擋心中恐懼與無法預期的威脅，以獅子的神威進行鎮煞、消除
邪氣，舞獅是最常見的意象應用。

　　相傳早年常會發生瘟疫，引起居民恐慌，後來「年獸」出現以如
雷聲響趕走瘟神，於是民間每逢秋收或節慶，便模仿年獸並塗上鮮艷色
彩，以響亮的鑼鼓聲代替雷聲，到各家戶祈福，取其辟邪之意，舞獅習
俗因此流傳下來。

　　另一種說法是廣東省佛山曾經出現獅子傷害民眾，精通武術的師
傅出來與獅子搏鬥，並且教導民眾武術拳法，大家合力抗獸終於制伏獅
子；佛山民眾乃在聚會時裝扮模仿獅子，以舞步呈現師傅搏鬥的動作紀
念這段傳聞，演變成為今日的舞獅。

色彩鮮豔的臺灣獅面具

廣東獅面具不僅造型華麗，眼簾、嘴部和耳朵還可活動。

「弄獅」是臺灣人對舞獅的説法，過往節慶活動常見的舞獅，即是庶民文化的表現，這項技藝歷史悠久，如臺北大龍峒金獅團已有兩百多年歷史，在各項民間廟會或大型遊藝活動皆可看到。當鑼鼓聲響起，色彩繽紛的獅子滿場跳躍，立即可以感受熱鬧的氣息；「弄獅」也是一種不分神、人、身分貴賤，人人都能欣賞並帶來愉悦的平民化活動。

臺灣「弄獅」是傳統文化中重要的一部分，區分為「臺灣獅」與「廣東獅」，臺灣獅又有「開口獅」與「閉口獅」之分，北部為開口獅，嘴巴開闔方便，因為嘴部用「柑仔」（臺語意為篩子）製作，又稱「柑仔獅」；南部常見到的是閉口獅，因造型與農村雞籠相似，又被稱為「雞籠獅」。

廣東獅又稱醒獅，造型美觀威猛、色彩艷麗，眼簾、嘴和耳朵都可動，時下加入閃爍的LED燈泡，科技裝飾性更強。舞獅的花樣很多，舞者把獅子各種神態、動作，配合扎實、熟練的樁功，以抽象方式表現出來，有出洞、上山、巡山會獅、採青、入洞等表演方式，當中以「採青」最為常見，為中國舞獅表演的傳統項目之一。

獅在民間被認為可以避邪驅魔，是一種祥瑞的吉祥獸，舞獅的原創發想帶動諸多啟發，用地來製作各種避邪物

各種不同的劍獅造形

件，例如金門人崇拜風獅爺信仰。風獅爺大都座落在村莊外圍，最早用
來擋風或抵禦黃土飛沙，後來演變成為村落的守護神。風獅爺外觀以獅
身擬人化，張口威嚴豎立的造形，豐富了金門的聚落景觀，獅頭用於工
藝，也是這種大眼、張口，凸出大鼻的造形，十分威嚴。

　　劍獅則是另一種獅面造形，口中咬著寶劍，額上通常畫著「王」
字或「八卦」，看起來極威武。劍獅裝飾在臺南安平民宅門楣上隨處可
見，可能與道教信仰中寶劍為斬妖、捉鬼的利器有關，將劍獅放置於大
門門楣，對外既可藉獅獸驅邪祈福，也可遏止陌生人入侵的意圖。另
外，劍獅流傳也與鄭成功有關，荷蘭人離開後，鄭成功軍隊駐紮在安平
一帶，士兵返家習慣將繪有獅面造形的盾牌和刀劍掛在家門牆上，令宵

小望之生畏不敢造次；鄭成功去世後，安平民眾在自家門前掛起了獅子咬劍的圖案以示紀念，成為劍獅的由來。安平民宅上的劍獅造形不一，使用材質包括木雕、泥塑、陶瓷、洗石子等，裝飾在門上及牆上做為祈福、辟邪或鎮煞之用，據說早期在沒有門牌的時代，劍獅圖像還是辨識家戶的一種標誌。

由獅子動作模仿到表演呈現，舞獅的造形與時俱進，創意表演活動更炫、更酷，成了臺灣傳統民俗或休閒娛樂項目之一；今日劍獅則已成為安平的象徵，也是臺灣常見的工藝品，各式材質的劍獅，造形多樣化，也設計為小飾物，十分吸引人的目光。

▌「漂流木小羊」

位於臺東縣成功鎮三仙里的Pisirian（比西里岸，阿美語「放牧羊群之處」之意）部落，這個靠海的小漁村，居民以農耕、捕魚為業，謀生不易，青壯年多出外工作賺錢養家，子女則託老人家養育，祖孫同住的隔代教養情形十分普遍。

早期族人都將山羊放牧在海邊或礁岩上，山羊在多石、高山地域或

乾旱的灌木叢環境皆適宜，對各種極端環境擁有適應力，賴極少資源便可存活，使部落居民除農漁業外，也依賴放牧山羊維生。

2006年三仙社區發展協會進行部落文化復振，阿美族藝術工作者Talaluki（范志明）收集定置漁網的廢棄浮筒、漂流木做為鼓身、鼓座，並使用當地的羊皮做為鼓皮，製成外觀狀似非洲鼓的環保樂器，由於阿美族語中浮筒為「Paw Paw」，乃以取名「Paw Paw鼓」，更進一步成立「比西里岸Paw Paw鼓樂團」於假日演出，受到遊客歡迎。

2011年，三仙社區發展協會邀請當代阿美族原住民藝術家拉黑子，指導居民進行漂流木創作，採「放牧羊群之處」的部落意象，指導部落居民保留漂流木自然線條，創作具有Pisirian部落文化內涵的「漂流木小羊」。拉黑子充分利用漂流木的形狀，創造出造形可愛的小羊原型，供族人參考製作；部落族人跟著自由發揮藝術天賦，大膽地加入五花八門的創意與色彩，也創出獨具一格的創意小羊出來。進入Pisirian部落，沿著街道可以看到各式各樣的小木羊造形指標，指引遊人前往各景點；漂流木小羊們在部落文化中心周遭四處遊蕩，海邊幾隻大型木羊是部落意象的化身，站立在消坡塊上遠望著大海，神態各異的木頭羊，如同昔日族人們在三仙臺島上放牧一樣。

現在「漂流木小羊」與部落族人製作的月桃包等手工藝產品，已是文化中心陳列展示的重點；另外，參加Pisirian部落體驗行程，也可以接觸小羊創作DIY教學，每個人拿一份材料包，膠黏、組裝小羊的四肢，並將小羊彩繪塗色。透過DIY活動，Pisirian部落傳統牧羊的在地意象、曾由繁榮走到衰退的當地牧業，藉著「漂流木小羊」似乎重現風光，以漂流木打造的木頭羊，更成了當地特色。

創意可以把平淡無奇的山羊化為神奇的可愛飾品，Pisirian部落因為文創的發展，塑造出羊群無處不在的部落

比西里岸發展漂流木小羊文創

意象——從漂流木小羊到老舊廢棄房舍的外牆，由部落青年和孩子們一同參與，彩繪上紅、黃、橙色壁畫，當中幾隻跳躍的白羊，顯得飄逸自在；同時部落閒置空間也被重新活化、利用做為工坊、民宿等用途，發展出文創觀光的模式。

▎潮流下的動漫與創意

科技產品的日新月異，使娛樂改變為以個人為主的型態；動漫世界擁有平易近人的造形且無分貴賤、人人皆可親近的特性，成為民眾「新流行」的焦點之一，形塑出不同的社會文化。

臺灣動漫世界從平面發展邁入視覺特效、數位多媒體的科技環境，開啟了無可限量的未來。約在1940年代開始出現漫畫，當時陳定國、葉宏甲等人投稿到報刊雜誌刊登；戰後梁中銘、梁又銘及牛哥等人帶進了愛國漫畫；1950、1960年代是漫畫的黃金年代，葉宏甲的「諸葛四郎」曾經是四、五年級不分課堂或課餘時間的良伴及童年回憶，劉興欽的「大嬸婆與阿三哥」則是以本土題材繪製的漫畫，為臺灣當年生活轉型期的重要記錄。

五月驚見遍地雪
原是油桐花落地
天賜美景何處覓
花香飄滿客家庄

弍仟零叁年 劉興欽

劉興欽2003年以大
嬸婆為主角作的民
俗畫（藝術家出版
社提供）

　　這個時期也是動畫的萌芽階段，動畫技術向日、美等國學習，現存
光啟社出品的〈龜兔賽跑〉可為代表，同時也為日本動畫片代工；1980年
代自美學習的動畫技術更形成熟，一度曾是迪士尼動畫片海外加工的重
要基地。而漫畫在歷經低潮後，藉著敖幼祥的四格漫畫「烏龍院」，在
國內掀起了一陣熱潮，新一代漫畫家也接力登場。

　　跨入21世紀，新時代動漫發展隨著數位媒體科技的興起而蓄勢待發。2010年後3D動畫、視覺特效、數位多媒體等成為主流，使政府制定政策鼓勵遊戲、動畫等數位產業發展，大學開始設立相關科系培育人才，業界利用數位科技和與國際互動、交流，以新的觀念和技術，透過網路、社群媒體將臺灣動畫與原創結合，開發新的里程碑，動漫世界的發展一日千里。

　　動漫與數位媒體科技，除了傳統動畫，也涵蓋遊戲、MV、電腦、原創動畫及視覺特效等。臺灣首部自製3D動畫長片〈憶世界大冒險（蝕憶巨獸）〉，耗時五年終於2011年上映，並得到俄羅斯國際動畫影展等肯定。動漫、電玩遊戲不斷推陳出新、速度突飛猛進，綿密的流行網絡已然構成龐大的虛擬世界。

　　藝術表現反映了社會與文化現象，透過不同時期的創意發展，讓我們更加理解當時社會環境與人們的思維；漫畫則由平面到動畫、數位媒

各式扮演人物
的出現，宛如
是從動漫中跳
出來一般。
（陳秋如攝）

體，其巨大變化更勝於往昔。今日各種虛擬動畫遊戲或延伸出來的公仔、玩偶，似乎也成為現實世界生活裡的一分子。

年輕世代幾乎是在動漫世界的潮流中成長，動漫遊戲既是陪伴、娛樂，也是學習各類事物的平臺。在cosplay（角色扮演）的流行圈裡，每年藉著同好社團的聚會彼此交流與欣賞，各式扮演人物宛如從動漫中跳出來一般，具有超脫現實或不食人間煙火的奇異、清新美感，這種特質彷彿是每個人內心裡隱藏的天真無邪的氣質再現。

雖然外部連結的載體改變，但居中的創意與設計特質從古迄今並無太大差異，它的原創源頭給予我們諸多啟發，經由過程中的發酵，也看出文創的未來充滿各種無限可能。

（五）燈節記事／花燈與光之藝術

元宵節又稱為「燈節」，早年每逢元宵來臨時，臺灣廟宇皆會張燈結彩，迎接香客參拜，信眾盛行「提燈籠走廟祈福」，成為臺灣賞燈習俗之一，同時也是具有特色的民俗活動；元宵提燈籠的另一個傳說是古代正月開學時，家長都會準備燈籠給子女，由老師為其點亮，象徵未來前途光明，稱為「開燈」，後來逐漸演變成元宵節提燈籠的習俗。此外，燈會也有藉著點亮燈火，驅走寒冬迎接新年的意味；而在保守的傳統社會中女性不宜在外拋頭露面，元宵節賞花燈是一項公開的正式場合，未婚男女可藉賞花燈機會認識對象，進而交往。元宵燈會中五顏六色的花燈掛在一起爭奇鬥艷，十分吸引人，花燈在臺灣稱為「鼓仔

元宵賞燈是臺灣人
的習俗之一

燈」，內部結構以竹條、木片等素材為骨架，依需求編成魚、鳥、動物
等各種造形，外表以布或紙糊成，有的飾以彩繪。

近年來燈會的規畫，配合生肖主題輪替成為各界主流，例如2015年
高雄佛光山燈會適逢羊年，主燈「三羊開泰」設在山坡上，三隻大小羊
圍繞著吉祥蓮花旋轉，羊造形的花燈布滿全場，當然也少不了像「目蓮
救母」等教忠教孝的電動花燈，構成燈會豐富多元化。

臺語「燈」與代表男孩的「丁」諧音，在臺灣民間具有光明與添
丁的意涵。農業社會中亟需勞力支援，重男輕女是民間普遍觀念，因此
往昔元宵節燈會來臨時婦女們會刻意到燈下走動，俗諺「鑽燈腳生卵
葩」，就期待象徵男丁的花燈為婦女帶來添丁的希望。臺北龍山寺仍保
留著「鑽燈腳」的賞燈習俗，只是隨著時代變遷，燈籠的意涵做了調
整，2016年就設置「平安」、「升官封侯」兩座大型花燈，民眾排隊依序
在燈籠下祈福。

臺灣現代燈會的出現，系交通部觀光局為開發觀光資源，於1989年

左圖 /
「鑽燈腳」的
賞燈習俗

右圖 /
平易近人的花
燈，過去是大
眾美感涵養的
重要來源之
一。

起將原本在各地展覽的元宵節花燈聚合在中正紀念堂周邊，並且以生肖設計主燈，舉辦第一屆「臺北燈會」，開啟臺灣花燈的新境界，使元宵花燈成為全國性的觀光活動。

　　元宵賞燈是延續春節氣氛的最高點，古代無論達官貴人或是販夫走卒都能夠在這個時刻欣賞到各式各樣的花燈，連平時難得拋頭露面的大家閨秀也有機會外出見識到平時不易接觸的人或事物，甚至在此浪漫的日子譜出美好的故事，這樣的文化成為文人墨客寫作的靈感來源。

　　花燈的製作與時俱進，不僅兼顧傳統元素，也講究結合科技，呈現酷炫等聲光效果，堪稱現代流行的大型裝置藝術作品；而與民共賞的燈飾藝術、釀造浪漫的氣氛與迷人的美感經驗，使元宵節成為大眾最具美感涵養的活動，也是寒冬時節匯聚人們溫暖的催化劑。

▌臺灣現代花燈藝術

　　臺灣花燈也是由燈籠演變而來，傳統時期利用竹條、木片等素材製

作造形,糊上棉紙或布,加以彩繪動物、人物等造型,內部裝置燈火使其能發光,藉燈光顯示花燈形體,在夜晚呈現獨特溫暖的美感。

　　1950年代民生物資缺乏,元宵燈籠多半以紙糊製作,鄉下人家為了讓孩子們也能感受提燈籠的樂趣和氛圍,普遍自行製作鐵罐燈籠,以隨手可得的奶粉罐為燈籠主體,用鐵釘在罐子上敲打出喜歡的形狀,底部設置燭臺,點亮蠟燭就可造出傳統燈籠了;這種簡易勞作不需特別的技巧,且可依自己的審美觀和喜好製作,發揮創意,另外,如餅乾盒等貼上糖果紙來製作燈籠燈主體,再加上塗繪,內插小蠟燭,亦可成為獨一無二的環保燈籠。

　　1960年代傳統花燈有了新的面貌,由燈體內為照射光源的舊式技法改為從外觀投射,如此燈體部分可以形塑的空間加大,甚至有電動花燈的出現,轟動一時的「北港花燈」即是實例。2000年的臺北燈會開創了新局,主題燈「千禧年九龍燈」矗立在中正紀念堂的大門前,碩大且可移動的燈光效果花燈,讓參觀者產生極大的視覺震撼,年年舉辦下來,累

花燈已成為另一種光之藝術展現

計出來好口碑，使臺灣花燈逐漸成為國際知名的一項觀光活動。

　　經過多年的發展，臺灣花燈藝術已逐漸脫離傳統花燈的做法，創新出具有臺灣獨特風味的藝術品。結合結構力學、美學工藝及電力、材料等專業技術和美學創意，完成創作難度高、融入技術複雜、取材寬廣活潑的大型裝置藝術創作。這樣的花燈作品對社會大眾而言是一種親近庶民生活的公共藝術，使燈會演變成目前臺灣各項觀光活動中，最有吸引力的項目之一。

▋ 以燈節打造光之藝術

　　元宵賞燈是傳統習俗中最親近庶民美感經驗的活動之一，近年來各地紛紛舉辦爭奇鬥艷的元宵燈會，使五光十色、色彩絢麗的大型燈會成為臺灣對外觀光宣傳的焦點，臺南鹽水「月津港燈節」結合河景、地景及建築物，並開發夜間燈光裝置藝術的作法，融入環境空間，呈現一個

作品〈霧中尋月〉

作品〈月河〉

大型的公共藝術場域，讓人耳目一新。

　　2013年臺南鹽水「月津港燈節」以月津港親水公園為場地進行規畫，並擴大串聯港區與周邊人文景點，結合傳統文化元素與藝術創作，將作品設置於河裡、橋上、樹林，搭配夜晚紅、黃、藍、綠燈光投射產生的倒影，整個場地散發一種浪漫迷人的詩意美感，彷彿可以感覺到提著燈籠走在河邊吟詩的夢幻情景。

　　策展概念為「夢中的城市・臺南」，規畫設置十座主燈區，打造興隆橋、曲橋、水月橋及信義路自行車橋四座橋成為光之公共藝術。曲橋上的〈霧中尋月〉，以安平林默娘公園為發想，遠遠就看到一輪超大明月掛在眼前，透著暈黃的光芒；走近看發現層層疊疊的黃傘構成半月型，透過光線呈現出柔和的光暈，周圍還有散落於河中的小黃傘，形成眾星伴月的畫面；每支傘下設計了水流，呈現「水中有月、月中有水」的效果，眾人沐浴在月亮的世界中，感受藝術家的匠心獨運。

　　〈月河〉以月津港為設計主題，曾是重要港口的月津港，以港灣形似半弧彎月而得名，藝術家將數十顆燈球一起灑在河面，排列成宛若河流的曲線，不時變化發出橘紅轉紅、黃、綠等色澤，如往日的漁火點

作品〈月光漣漪〉

作品〈開城迎月〉

點，又如星空閃爍般亮麗，配合一顆大月亮黃球，畫面十分壯觀；〈月光漣漪〉則以臺南七股的潟湖為意象，以線性燈具在湖面上創造出同心圓般忽明忽滅相互交錯的金色光圈，表現出月光灑在七股潟湖上的清麗倒影，又像是湖面幻化出漩渦形態的美麗漣漪。

臺南著名的古城牆億載金城，在藝術家的創意巧思下，以〈開城迎月〉為題，在信義路自行車橋上設計帶著變化霓虹燈的拱型城門，城牆也閃爍著藍紫色光芒，以「銀月」和「迎月」的諧音，比喻城門開了，月津港再度迎接昔日的繁榮光景；近看城牆以生活中用來載運或收納物品的置物籃為材料構成城門意象，以實用簡單的環保概念，設計出令人玩味的光之藝術作品。

鹽水人迎接燈節，除了應用原有在地人文環境元素，也融合歷史和傳統文化。走進一片燈海的橋南老街，對外開放展現風華的老戲院、打鐵老舖，由古厝改建的空間裡展示著各學校的花燈、古家具用品等；放置在古典桌椅上的水仙花盆栽，像是生活中隨手擺放添加美的氣氛，也像是刻意裝飾，讓美的事物愈古老愈散發出它的光芒，用美感將傳統與現代結合起來。

（六）萬紫千紅／花卉與花藝

　　繽紛燦爛的世界中，花朵以艷麗多采之姿隨風搖曳，是極為動人的美景，無論是大地生長或是溫室培育，花卉總有千嬌百媚的風姿令人百看不厭。人們喜歡獻花卉給神佛，宛如花卉的美能串聯起人神之間的心神意會。寺廟、教堂中除了供花，裝飾聖潔、雅緻的花卉圖紋，也是禮讚的象徵；花卉更能超越種族、國界，是美感世界中的親善大使。

　　坊間衣飾、布料裝飾設計，花卉經常是要角，早期客家人包便當的布巾或遮陽頭巾，甚至被單都使用花卉圖案，花布上代表喜氣和富貴的鮮豔紅色牡丹花圖紋，很難想像最初是以棄置的各式花布拼湊而成，客家婦女的節儉精神從花布上便得到具體印證；從色彩應用來看，單一點顏色與整片顏色的視覺效果差異頗大，而做為客家文化代表的花布，早已實踐這個原理。

　　阿美族的花布裙是婦女使用繁複刺繡技巧的表現，她們觀察自然界植物中的葉子、樹莖與花卉，從中選擇形狀、色澤做為造形、色彩的基礎，用於刺繡上的圖紋和顏色；東排灣族人的花草圖紋則應用於身分識別，以區別頭目家族慣用的蛇紋、甕紋等專有圖紋，如此不會逾越頭目的權限和規矩。

　　魯凱族人稱百合花為baryangalai，其潔白的花瓣散發淡淡幽香，被族

左圖／
阿美族人花布裙上的花卉圖案

右圖／
東排灣族花卉刺繡

人賦予高貴、貞潔的象徵意義，藉著佩戴百合花飾與頭飾，凸顯傳統社會倫理與價值觀；百合花頭飾（bengelrai）也與女性的生命儀禮相關，從外觀可以反映出其身分，例如取得相關資格佩戴第一層百合花，正式結婚時可戴上第二層，以往最多可戴至五、六層，花飾層數與其家庭所舉行的儀式次數成正比。

　　少女與花的組合向來是美麗的畫面，如顏水龍的油畫〈山地少女〉、林建成的水墨〈魯凱族佩花儀式〉，分別以樸素和文化面向之美，提供不同層次的原住民美感意涵。

　　花給人美麗的感受，生活中許多美好的形容詞也都跟花有關，如「如花似玉」、「國色天香」、「萬紫千紅」等，花可以稱得上是自然與人為色彩最美的化身。臺灣民間戲劇或小說常用花卉來表現身分的尊

林建成
魯凱族配花儀式
1995　彩墨、紙
75×65cm

顏水龍
山地少女　1970
油彩、畫布
（藝術家出版社提供）

卑，例如千金小姐的名字常稱作牡丹、玫瑰、玉蘭等高尚雅緻的花卉，
婢女則叫圓仔花，俗諺「圓仔花不知醜，大紅花醜不知」，即是用來譏
諷長相平凡又不自量力的女孩。

　　儘管如此，民間信仰仍常採用圓仔花，主要是圓仔花又叫千日紅，
雖然花形無法與優雅艷麗的花朵相比，卻能夠花紅千日，有著花期長、
不凋謝的特性；而它討喜的紅色與可愛的圓球形狀，象徵著吉祥圓滿，

左、右圖／
蘇世雄以獨特釉
雕技法呈現花卉
美感

民間七夕拜七娘媽習俗，便喜歡用圓仔花搭配小圓鏡等七項供品，祈求兒童守護神（七娘媽）保佑孩子們健康長命。

　　五顏六色的花卉色彩是大自然賜予我們最珍貴的視覺饗宴，陶藝家以花卉配合彩瓷藝術來設計作品，給人賞心悅目的美感，成為高質感的精品。蘇世雄就以臺灣四季花卉做為陶藝表現題材，他的陶藝創作以「釉雕」聞名，在素坯上以自行調配的釉藥依圖案設計之色彩多層、多色上釉，有時釉藥多達六、七層，入窯工序繁複，過程充分結合工藝與藝術的高超表現。無論是盛開牡丹的瑰麗或者小巧白花的晶瑩，花樣與釉藥變化無窮，不但襯托出五彩繽紛的效果，也能追求陶藝的質感，互顯其美、相得益彰並具有現代感。

█ 花卉產業與創意設計

　　臺灣位處溫熱帶環境，四面環海，加上黑潮暖流經過，氣溫、濕度與雨量較同緯度地帶高，適合各類花卉生長。早期花卉的栽培以彰化田尾、永靖一帶最多，生產的種類以菊花、唐菖蒲、夜來香、玫瑰、千

日紅等花卉類為主。1980年代隨著經濟快速成長，花卉生產、育種技術改良，設備環境改善及新花卉種類引進栽培，花卉產業蓬勃發展，目前生產之切花種類，除了原有花卉，增加了百合、火鶴花、洋桔梗、非洲菊、香石竹、天堂鳥、大理花、仙克萊等；尤其蝴蝶蘭盆花在產期調節技術研發成功後，栽培面積已逾一百公頃，年產量達到三千萬株。

　　2010年臺北曾舉辦國際花卉博覽會，使臺灣本土及世界各地的花卉齊聚比美，尤其是結合臺灣高科技發展的應用，搭配聲光、視覺、嗅覺變幻的花卉之美，展現虛實意象交錯的美感，讓人目不暇給。

　　花博共分四大展區及十四座展館，走進各個展區、展館，琳瑯滿目的花卉與創意讓人一步一驚艷。圓山公園展區中的花卉創意設計以在地盛產的蘭花最為耀眼，近看各種類蘭花造形、色澤各異其趣，遠看疊起的碩大花牆如流水瀑布；花藝家更是以「觀花植物」設計不同主題，例如用蘭嶼拼板舟搭配而成「蘭的故鄉」，用鋼琴、豎琴和搖滾吉他布置的「琴音慶樂」等；以花卉裝飾居家、庭院環境的例子更不在話下。爭艷館規畫不同主題的特展呈現生活、歷史與族群特色，也展現臺灣花

藝、園藝、造園景觀、生物科技、新興花卉等競爭實力。

左頁上、下圖 /
2010臺北國際花卉博覽會展出由藝術家游文富與工研院合作創作的裝置藝術〈綻放〉，以科技詮釋花卉之美。

　　美術公園區的景觀特色以戶外美術展示為主，園區舞蝶館的劇場演出魯凱族傳說〈百合戀〉歌舞劇廣獲好評，另外還規畫水景藝術、浮面藝術、地景雕塑等。占地廣闊的大佳河濱公園區則設計了花圃競賽區、大地花海區及花卉景觀布置區等大型園藝展示。

　　新生公園區展覽館，熱門的夢想館結合科技塑造花卉的生命輪迴，數百朵花朵隨著音樂聲音變化動作，配合上光影效果整個看起來非常美麗。其中與觀眾的互動設計是現代科技的極致展現，民眾可以依照出發時選擇的不同夢想，在各個感應點感應，最後開出自己的花朵，讓人驚嘆回味。

▎插花藝術

　　一朵花可以使人與人之間產生溫馨而美好的感覺，花飾則可以營造美好的氣氛。人們喜愛用花草來布置、美化室內，在生活小器物隨興加上花卉擺飾，都能增加角落的美感；花藝亦應用於各式場合，讓生活增添樂趣，但不同地區的信仰與觀念差異，也形成花藝的色彩與變化。

　　插花藝術，簡單來說是將花朵、枝葉等放置於容器，顯示其美感的藝術涵養。每一種花卉都有自己的特性，並因季節、溫濕度等條件而變化，花朵也有鮮艷、淡雅之分，花莖、枝葉的脆弱、粗細不一，都會影響花朵拆散或折枝，因此插花擺飾是耐心加上美感呵護的結果，花朵、枝葉的取捨與設計需要選擇，如同細膩的裝置藝術。

　　臺灣的花藝融合了中國、日本與西洋觀念，日式插花重形式，花材以簡潔為主，插花不只是學習技藝更重精神、人格

花草可以美化室內氛圍（王庭玫攝）

林克恭　蘭花
1968　水彩、紙
25.4×33cm
（藝術家出版社提供）

品行修養，而形成一種「花道」；西洋插花則講究花朵的豐碩、色彩艷麗，營造花團錦簇而豪華浪漫的美感，常用於生日派對或結婚等場合；中國花藝形成，是由佛前供花逐漸發展成插花藝術，以對花木神態形式與自然品味為基礎，重花材與花器之比例，花與花器色彩需有對比，強調追求意趣之美。

花藝需要以感性去欣賞其內涵，透過插花藝術可直接感受大自然花草生生不息的生命循環，以及涵養生活的趣味，將心靈提升至講求「品味」的境界，悟出生命的哲理與美感。同樣應用花卉的美感，花材與花器的搭配，反映花藝工作者重視的「花道」或「意趣」；繪畫藝術的花卉應用則有另一番意境表達，例如臺灣老一輩畫家喜歡畫靜物的瓶花，擺在窗前或桌上，營造出恬靜的室內氛圍。

愛花、畫花的畫家很多，臺灣早期留歐畫家林克恭的例子較為特

殊。林克恭出身板橋林家望族,由於家中經常邀集文人雅士談文論藝,使他在成長過程有機會接觸傳統書畫、戲曲藝術,養成生活結合藝術的習慣。

　　無論具象或抽象,林克恭的畫作反映出他喜好觀察自然,並從細微的事物及現象去理解人生的特質。作品〈蘭花〉構圖只截取蘭花盆栽的花卉部分,背景以光影變化襯托出白色花瓣的生長狀態;〈玫瑰〉也用光線明暗和色彩明度、彩度的反差,區分瓶與牆壁的深度,瓶中的粉紅、深紅色玫瑰,也在墨綠葉片的襯托下凸顯了它的存在。林克恭細膩的觀察,如同一名謙謙君子以優雅中帶著高超的寫實技巧,覓尋植物生存的美感,是與插花藝術不同的意境。

林克恭　玫瑰
1969　油彩、畫布
45.7×53.5cm
(藝術家出版社提供)

藝術｜社會

隨著時代環境的變遷與公民意識的覺醒，動、靜態藝術表現為我們留下具體的美感經驗。

魯凱族原住民圈舞

第六章

　　臺灣從農村進入工業科技社會，經濟開發型態有別於傳統模式，生活環境改變受到空前挑戰，純樸的民風隨著現代開放觀念的迅速融入而產生衝擊，價值觀面臨極大的考驗。

　　長期以來禮教文化的涵養與身心約束，逐漸為教育的普及和網際網路開放趨勢，不再是牢不可破的規矩，人體與生命可以搬上檯面探討，原本在天地間抒發情懷的歌舞、野臺上教化大眾的表演，轉換成舞臺劇場的展演，開始成為熱絡的藝術活動。

　　動、靜態藝術的發展，在臺灣社會激烈變遷的潮流下，居中發揮了重要的連結功能，安定了我們躁動的心，進一步提升我們對大千世界的視野。

（一）做牛做馬／農村田園與工業都市的美感意象

左頁圖／
高雄捷運美麗島站
公共藝術──光之
穹頂

「做牛做馬」是臺灣人用來比喻工作勤奮、勞苦天生的意思。牛
駛田、拖牛車為人「作穡（從事農務）」；馬供人座騎、為人拖車是天
經地義，就像人一樣得拚命工作，因此又有句話説「做人著磨，做馬著
拖」。人的成功「三分天註定，七分靠打拼」，做人著磨，是人的宿
命。其深層解釋，也有著對家庭、子女、工作無怨無悔付出的意思，因
此用來形容臺灣人的認命、拚搏精神很貼切；進一步用「牛、馬」來類
比臺灣從農村到工業社會的演替過程，倒也有幾分類似。

1966年臺灣製造業生產首次超過農林、漁牧業，宣告由農業社會邁
入新興工業化國家。熟悉的農村景象隨著工商業的發展逐漸消失，1980年
代中期，臺灣逐漸轉型為高科技產業為主的經濟型態，社會與文化變遷
頗為迅速。

如果將農業與工業社會景觀以生活、生態、生產三項目進行比對，
可以發現前者日出而作、日落而息，生活簡單規律，在自然生態環境下

臺博館前的銅牛雕
塑，原是日治時期
獻給臺灣神社的奉
獻品，後轉安置於
博物館前廣場。

生產五穀雜糧等農產品；後者則在充滿複雜競爭壓力，由虛實環境組構而成的產業生態，生產機械、電子等工業科技產品。

農村社會的臺灣人對牛十分依賴，牠提供耕作、莊稼收成的勞動力，農家對牛的情感深厚，常把牠當作家中的一分子，因此很多農人有不吃牛肉的習慣，而從精神層面來看，臺灣人勤奮苦幹就如同水牛一般。莊索的〈午憩〉即貼切地描寫農家與耕牛之間的深厚情感，當農忙告一段落，男子依伴著老牛休息，婦女餵乳並逗著小牛仔，畫面溫馨洋溢；黃土水1930年所作的〈水牛群像〉（見P.264），由五頭牛和三個牧童像組成一幅長型浮雕，背景為芭蕉樹，人與牛的情誼藉著孩子的天真與互動表露無疑。

雕塑家朱銘也很喜愛以牛為創作題材，1976年的木雕創作〈同心協力〉，在國立歷史博物館展出引起轟動。作品是一隻水牛拖著一整車沉重的木材，吃力地爬坡，四位農人在牛車周圍協助推動的情形，整體充

莊索
午憩　1979
油彩、畫布
80×116.5cm
（藝術家出版社
提供）

朱銘　同心協力
1975　木雕
173×75cm
（藝術家出版社攝）

斥著力之美，朱銘曾提到，該創作是臺灣山林遭到洪水災害後，農人撿拾漂流木的刻劃。朱銘注重水牛與農人兩組間的動態描述，拖車的艱困讓牛與人腳深陷在泥淖，呈現奮力向上的視覺焦點，所傳遞的「力爭上游」強烈訊息，正是臺灣人傳統的拚搏精神；對比牛車上的木頭以保留大塊材質紋理、不刻意雕鑿與切磨的處理方式，寫實與粗獷相輔相成，展現朱銘的草根性和創作風格。

朱銘雕刻生活中的現實形象，其取材自民間的木雕作品：生動、樸拙，將人與土地深刻結合，凸顯出濃厚的臺灣鄉土味道，對當時全面追求西方藝術潮流的臺灣藝壇，提供一個讓社會大眾重新面對鄉土藝術的契機，也讓臺灣本土雕刻特色的塑造邁開重要一步。

臺灣的氣候與環境並不適合養馬，雖然歷代以來仍有少數馬匹的記錄，但皆做為運輸用途；而1930年代后里馬場的設立，高雄市馬術俱樂部與賽馬場出現，則證明了當時都會區流行的騎馬風尚。

今日臺灣民眾多半無能力和條件飼養馬匹，騎馬乃是少數人士的專利，因此在臺灣人的觀念裡，馬是少有人養且嬌貴的動物，這樣的形象反而使馬成為動漫、電玩視聽科技與藝術創作的熱門應用題材，新一代

藝術家席時斌就利用時下常見冷硬尖銳的工業、科技金屬產品，結合大量複合媒材，打造出現代神話奇獸——馬的形體，不但看見馬的實體，也看見光影、材質交錯，絢麗的馬匹視覺效果。

　　席時斌解剖了馬、鹿動物，透過大量幾何物件的拆解，重新組構出繁複而極致的現代感新造型，作品〈符號與記憶之馬〉（見P.266）使用不鏽鋼、鈦金、木料、壓克力、切割水晶等複合媒材，透過透雕手法，多層次併疊出馬的造形，仔細觀看還容納了花卉圖紋、幾何造形紋飾和機械結構等；站在整組作品前，除了可以發現精緻工業的美感，冰冷的材質竟然閃

耀著光澤且帶著人性的溫暖和安定。席時斌對結構與材質應用的熟悉與早期學建築的背景有關，特別是對馬的喜愛，無論是馬匹體型、馬匹造形變化的研究和物件的組構與細節鋪陳，如同他個人的記憶想像，和現實生活時而重疊、時而錯置亦或拆解重構。席時斌認為，觀眾在觀看他的創作時能發揮無窮想像力，重新賦予作品故事文本，如同前人藉由想像創造出許多美麗的神話、寓言。縱使創作媒材新穎，席時斌的創作脈絡仍可與傳統文化結構相互連結。

　　牛代表臺灣農業社會的樸實象徵，牠的功能隨著機械動力發展而逐

黃土水　水牛群像
1930　石膏
250×555cm
（藝術家出版社攝
於中山堂）

席時斌
符號與記憶之馬
2014
不鏽鋼、壓克力
、鈦金鍍膜、鉛
水晶、木
282×240×85cm

漸被取代；馬則在現代工業社會成為休閒新寵；而在科幻視聽的虛擬環
境中，馬常化身為神獸形象出現。透過科技產業驚人的創意與產值，臺
灣人的拚勁正顯現在全球狂飆的科技風潮中，而朱銘、席時斌代表著兩
代的牛、馬雕塑，以藝術跨越時空限制，表達出兩個世代不同的美感觀
念和經驗差異。

▋農村田園的詮釋

　　山水田園的靜謐與世無爭，回歸天地、粗茶淡飯，體驗極簡的生活態度，才能感受大地的奧妙。田園是現實生活的桃花源，張韻明〈南臺灣印象〉以現代彩墨描述農村生活，樹叢、竹林掩映下的紅磚瓦屋，收割完的稻田、池塘倒影出青翠樹影，塘邊鴨鵝漫步，村民閒話家常，是臺灣農村純樸而恬美的景象。

　　張韻明浸淫於墨韻的優雅，獨樹一格的畫風，擅用酣暢淋漓的「墨

張韻明
南臺灣印象
1997
水墨、紙本
96.5×89cm
（張韻明提供）

張秋台
吃苦的農夫
2008
水彩、畫紙
55×76cm
（藝術家出版
社提供）

韻」與「色彩」交織融合出清新風貌，表現臺灣農村四季風情。在他的
彩墨作品中，無論是一望無際的綠野田疇、令人發思古幽情的農舍或是
波光粼粼的水鄉人家，重現臺灣早期的樸素無華情調。今日高科技產業
的經營環境不僅變動快，技術的突破更是一日千里，產品生命週期短、
淘汰率高。面對巨大的環境變遷，讓研發技術人員生理、心理產生高度
耗損，「回歸田園」享受生活，似乎成為許多科技人的夢想，張韻明的
農村思古幽情畫作正好提供了現代人的懷念空間。

農村生活的謳歌，一直是田園畫家喜愛的題材，張秋台〈吃苦的農
夫〉描寫老農扛著一束稻草，走在已收割的稻田上，象徵豐收的稻草堆
與老農任勞任怨的形象，踏出臺灣土地清晰的印記。

前輩畫家李石樵的〈田園樂〉則給予農村田園另一層深刻意涵，描
寫一片金黃稻田，工人忙著收割稻穀，顯示是個豐收季節。李石樵出身
新莊農家，當地五、六十年前應該還是農村田園景象，〈田園樂〉描寫
一家人在廣闊稻田的活動形象，畫中人物包括休憩的老人、正為懷中嬰
兒餵奶的婦人、端著碗筷吃飯的小女孩，左右兩側則是放下手中工作的

男女。仔細觀察描寫豐收季節的〈田園樂〉，休憩與工作兩組人物前後
相應農民遙望遠方，近景人物表情顯得有點凝重，李石樵應該是藉著繪
畫對戰後臺灣政府採取的土地政策，以婉轉隱晦的方式訴說心中的無奈
與複雜心情，這幅作品一定程度紀錄了當時農民的生活樣貌，似乎也是
李石樵自我心境的投射。

　　張韻明、張秋台筆下的農村呈現田園自然流暢、返璞歸真的美感，
自是有一番風情；同樣以農村為題材，李石樵的田園樂則是另一種情
境，藉由繪畫藝術表達自身的感受，兩相對照可以意會到田園美感經驗
的同質性與差異性。

李石樵　田園樂
1946　油彩、畫布
146×157cm
（藝術家出版社提供）

右頁圖／
高雄港區設置
的鋼雕作品

▌ 工業都市的美感營造

　　高雄「駁二」藝術特區，原是位於高雄第二號接駁碼頭的一棟舊倉庫，1973年建造作為港邊倉庫之用，近年來已發展為在地及國際藝術家實驗創作的開放藝術空間。

　　做為工業都市的高雄，朝工業文化及海洋城市經營、塑造，駁二藝術特區即是一個具體實踐的場域。園區內隨處可見彩繪的大型男女公仔，女性戴著斗笠、男性著工程帽的設計，象徵高雄由農漁業步入工業的特徵，藉著數屆「高雄人來了」城市角色創作，由藝術家為公仔進行新的藝術創作，呈現結合工業、海洋城市意象的鮮明在地色彩。

　　以鋼雕藝術迎接港口的海風，是高雄工業都市塑造的另一項美感意象。「國際鋼雕藝術節」的舉辦，以港區船舶環境為背景，由各國藝術家現地創作與鋼鐵對話，同時將作品設置於港區沿線，成為獨特的水岸地景。

　　高大、厚重的鋼雕藝術作品，有的以簡潔幾何造型呈現鋼雕的力與美；有的運用大型鐵鍊，連結觀者、港口與鋼骨結構。生硬的鋼鐵在藝術家改造下，或呈現如夢似幻的樣貌，或以陳舊鋼鐵表現粗獷特色，組

高雄意象公仔

構作品迎接在地的海洋風情並展開對話，這些鋼雕作品彷彿是連結高雄海港特色與廣闊海洋夢想的縮影。

左頁圖／
張乃文的大型雕塑
作品〈大紅人的雜
務〉在駁二藝術特
區展出

　　都市複雜的有機體與農村田園環境差異性大，高雄工業都市美感的經營，除了在地特色，也藉藝術創作反映對當代社會議題、環境的反思與關注。駁二藝術特區「Formosa雕塑雙年展」曾以「我們的前面是什麼？」為主題，邀請臺灣當代藝術家，利用鋼鐵、陶、石等多元媒材呈現前衛的雕塑作品。

　　張乃文〈大紅人的雜務〉組合作品，關公造形的人物面對一隻張牙舞爪巨獸，代表正義的關公手上拿著的不是印象中的青龍偃月刀而是拖把，表現無奈也無力的反擊，看起來英雄有志難伸。作品隱喻現今社會是非價值混淆，判斷標準不一，過去的傳統價值己失去意義，正義難以伸張；如果擴大比對臺灣現況處境，面對詭譎多變的國際強權和情勢關係，今日就連我們景仰的關公恐怕也無用武之地了。

（二）人間風景／人體是生命的題材

卑南遺址出土的人
獸形玉玦

　　人體如同宇宙的縮影，外觀無論結構、造形、比例、膚色均有其規律，從結構衍生而出的肢體線條豐富，造形的動態、姿勢變化美妙，比例的高矮、胖瘦各有特色，膚色的黑、白、棕、黃各色人種多元多采，形成各式美感元素的匯聚。

　　若以人體應用做為美感創作，臺灣使用人體造形的藝術表現從史前時代的裝飾工藝即已開始。「人獸形玉玦」耳飾是描寫狩獵情形，或者描述人類祖先來源與動物之間神話的玉器珍品，耳飾本身區分為人與獸兩部分，頭部頂著一隻貓科動物造形，人像無論單人或雙人皆以鏤刻方式刻出頭部、四肢及軀體，並精準地呈現出人體比例。

　　臺灣族群對於人體的造形美感經驗不盡相

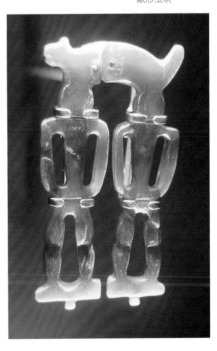

同，排灣、魯凱族原住民視人體為神聖的形體，只有祖靈或對部落有功勳的頭目、巫師才能將其轉化為具體形象，以板雕供在祖靈屋或集會所做為尊敬、祭祀的對象。

臺灣在部落社會時期，原住民族對人體的觀念以「功能性」為導向，魯凱族的人像板雕重視男女性器官表現是一個實例，這可能與早期男性崇尚勇武、女性掌管生殖的生命力有關，達魯瑪克部落象徵年輕、英勇的「報訊」習俗，約略透露出相關意涵：

早年部落遇重大事件，例如征戰、示警或傳達部落重大事件，通常年輕男子率先趕到會所，在腰間佩戴Dauling（導鈴）繞行部落，發出響亮的聲音告知全體族人；每年收穫節「報佳音」活動，年輕人為了要呈現自己的能力和身強力壯的體格，腰間僅穿著一件黑短裙，賣力地搖晃臀部上的Dauling，隱約地也露出雄壯下體，當走過部落家戶，少女們通常會躲在窗後偷窺致而心生愛慕，部落青年以英勇的「真本事」擄獲女孩芳心，也是原始勇武崇拜的另一種投射。

東魯凱族人以傳統導鈴報訊

相對於原住民族，漢族的人體展示觀念向來較為保守。崇尚禮教文化加上生活習慣和涵養不同，漢族的人體美感常與道德、人格或情趣相提並論，赤身露體被視為傷風敗俗，其美感的呈現是含蓄而內斂的。

漢族的人體造形美感皆以隱喻方式表達，藉由語言或文字描述的呈現較多。如早期農業社會需要大量人力，男女體格好才可以勝任大量辛勞的農、家事，閩南族群形容男子身強體健為「勇健如牛」，客家語「人材靓」則形容女子身材姣好。漢族用於信奉的神靈或紀念祖先，人、神繪畫雕刻等藝術表現均受到禮教影響呈現嚴謹的規範，反映在身體的外觀形象，呈現衣冠楚楚的禮儀樣貌，與原住民對祖先形象刻劃的美感經驗大相逕庭。

上圖 /
戰後人像廣告畫

下圖 /
繪有人像的碗盤

人像造形與大眾生活結合，到了戰後應用開始多樣化。身穿流行服飾，打扮時髦、姿態優雅的仕女圖像，印製成海報宣傳或作成商品廣告最受歡迎；至於日常裝飾器物，碗盤中出現人像圖紋乃屬罕見，手持木杖及提包的人物，反映了時代變遷，身旁的椰子樹更是熱帶臺灣的象徵。

到了1960年代，臺灣美術院校開始應用人體模特兒做為繪畫、雕塑的術科教學及訓練，以人體做為美感造形的訴求；若以此階段做為分際，臺灣對人體美感的認知、教育與應用，略可分為「樸質時期」、「人體藝術時期」兩階段，前後時期有著明顯差異。

「樸質時期」社會風氣純樸，對人體的觀念以原始的軀體、器官區分男女，人體結構造形十分簡化，如在木板平面雕刻出直立肢體、五官形制近乎一致，僅排灣族人像強調腳部彎曲、外張的「蹲踞式」造形，部分族人認為這是象徵祖先遷徙的記錄。

東魯凱祖靈板雕像

1960年代之前，臺灣僅有少數人體模特兒進入攝影藝術表現的領域，初期的人體模特兒多來自中下階層；進入「人體藝術時期」，人體模特兒受到社會逐漸開放及自由藝術風氣影響，可以公然出現在美術院校教室裡提供練習或創作，人體美的表現比較不再隱諱，突破公眾場合展示、討論的禁忌，緩慢地拓展人體造形應用的美感空間。

林絲緞以專業人體模特兒角色，正式進駐美術院校的術科訓練領域，藉由繪畫、雕塑的表現，藝術科系學生得以描繪、塑造人體骨骼、肌肉結構、肢體動態及線條的美感，追求人體的力與美，為進一步人體視覺創作題材奠定基礎。雖然一般社會大眾比較少機會應用人體進行各項美感藝術創作，但日常生活中，無論是鍛練自我體態的健美，如「選美」活動中強調追求身材比例勻稱的理想，或是「健美」比賽中雕塑肌肉線條的極致，甚至運動員身體爆發力的表現，都是人體造形美感的展現。

由客觀理性的人體觀察到藝術內涵的傳遞，當社會大眾對人體美的認知不再是「猥瑣」或「情色」的代表，人體美的境界才得以進而追求屬於東方人體的獨特美感經驗。

▌雕塑人體的理想美

雕塑是人體美感創作兼具質感、量感的媒材，雕塑家使用木石材料進行雕刻或以油土先行塑造形體，再翻製成石膏模，最後創作出青銅、玻璃纖維等材質作品，因而木、石材和油土等原始素材的應用，如同最親近土地的藝術表現方式。

右頁圖／
黃土水　甘露水
1919　大理石
真人等身像
（藝術家出版社提供）

1921年，黃土水大理石雕刻作品〈甘露水〉獲得「日本第三回帝展」入選的榮耀，這是臺灣首次以自然的女性裸體在國外藝術競賽出人頭地。客觀、精準的描寫東方女子身形，不刻意強調官能美，呈現出東

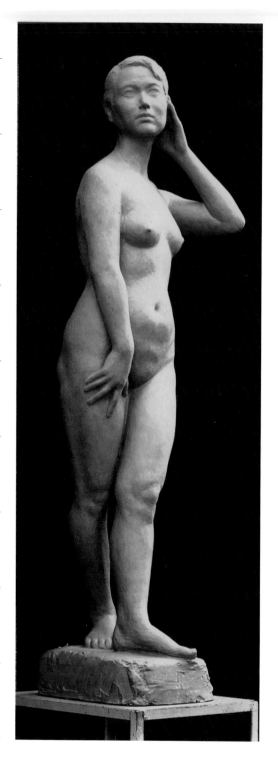

方女性溫柔嫵媚的氣質。

　　黃土水以藝術家勇於挑戰、突破保守傳統的精神，在原住民祖先立柱和漢族神佛造像的制式人體造形中，以〈甘露水〉人體作品開創臺灣女性體態勻稱之美的新境界。作品名稱取觀音賜甘露的聖潔象徵，結合人體的美好意象，用虔誠的信仰心態來讚頌人體美；動態的雕塑呈現雙手下垂、腿部交叉和臉部仰望的肢體語言，如同期待甘霖降臨的造形，黃土水以含蓄而寫實的手法表達臺灣女性純真無瑕的特質。在日治時期「民智未開」的環境中，〈甘露水〉幾無邪念地散發著靜謐、祥和與美好的氣息，藝術家帶著宗教意涵的虔誠，企圖打開臺灣人對人體美的欣賞，對故鄉及族群社會的美感提升，懷有無限的理想與期盼。

　　直到1980年代，對人體美的欣賞仍然停留在以繪畫和雕塑為主的藝術領域追求與探索階段。與黃土水同為留日學習雕塑的蒲添生，即是「理想人體美」的實踐者。蒲添生追求人體官能的形式美，並非他從事人體雕塑的目標，而是堅持藉由女性裸體的肌肉線條塑造以呈現理想美，他的人體雕塑強調以手直接在油土上捏塑，不假借其他工具，憑著熟練的感覺捏出人體肢體動態與線條，讓人體塑像留

下美好的肌理感。

　　蒲添生在日本所創作的〈春之光〉，是他雕塑生涯中極為重要的作品，能夠闡述雕塑家的人體美感觀點：女子右腳置於左腳後方，右手自然垂下放在右腿上，左手舉起輕貼於耳邊，顯示女子矜持的儀態，作品整體洋溢著青春活潑的生命美感氣息。此姿態是1940–1950年代臺灣許多女性拍照時的流行姿勢，為蒲添生的人體雕塑留下時代風格。

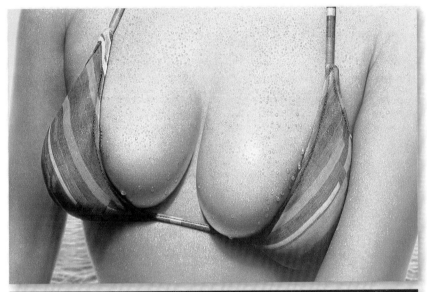

陳景容　哀愁的下午　1968　油彩、畫布　193×130cm（陳景容藝術文教基金會提供）

▎人體是風景的一部分

　　以「自然界中無處不存在美」這樣的觀念來看，人與人在日常生活中互動最為親密，人的七情六慾情感變化是人類各種行為表現的源頭，因此我們的生活也處在人間風景的美麗變化當中。

　　人體藝術風氣開放後，人體本身的曲線美感、光線加諸於人體上的光影變化捕捉，成為人體攝影藝術追求的目標。相較於社會文化中複雜的美感機能──對人體美各具功能與價值判斷標準，學院制式的人體藝術訓練，教導我們重新審視人體美感，從比例、動態到表情、質感的探索追求，形成一套世界同步的人體審美語彙。

　　繪畫、雕塑藝術更具體賦予人類對身體語言的訴求，從個體的誕生、死亡、情感、動作到群體的生活、征戰、歷史，甚至於人體的具象、抽象造形變化等概念，各有不同象徵意涵，人體藝術作品為我們留下人類各時期珍貴的視覺訊息與意象。

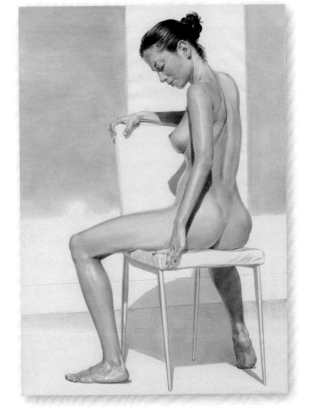

馬靖文　人體繪畫
2015　麥克筆、水溶性色鉛筆、紙
30×21cm
（馬靖文提供）

　　學院的人體美感經驗，多半置於客觀的人體結構、比例或體感、量感與質感的追求。在男女不同的軀體上，男性的骨架粗硬、肌肉結實而呈現陽剛味道；女性骨架則線條柔細、肌肉細緻，散發出體態柔美的氣質。

　　畫家李梅樹擅長寫實人物，一生致力於在地人物的描寫，從其早期在東京求學的作品即可看出端倪，作品〈裸女〉畫面表現女性人體豐腴與肉感，是印象派人物的美感經驗；陳景容作品〈哀愁的下午〉的女性人體則偏向削瘦；旅美畫家陳昭宏則是呈現女性豐腴的軀體，作品〈海灘之六十〉以超寫實的細緻技巧描繪海邊女性的人體形象，以放大、精細的手

段描繪身體局部，令視覺產生極大的震撼。

學校裡的人體美感訓練，能夠讓我們體會觀察人體的各式經驗，例如簡正雄欣賞人體骨架結構，擅長描寫瘦長女性人體，他取了一個「骨感」的稱謂；馬靖文熱中於追求人們表情上的千變萬化，進而看到人體在光線、動作中的變化，除去覆蓋人體的衣物，欣賞肢體在各種環境裡的不同美感。馬靖文提到人體的變化多端令人著迷，想藉由人體將心中的想法畫出來。無論從任何視角，只要好好看待人體，就有其美感。馬靖文利用不同的素材畫人體，並將細微變化及美妙之處表現出來，讓觀者體會人體的美好與無邪；數十年累積的人體繪畫經驗，他不僅觀察人體在環境中的各種變化，也讓人體成為風景的一部分，畫人體似乎是他對人生的另一種體驗。

從事人體繪畫與雕塑的藝術家，就像是透過人體觀看人生，生命中的生、老、病、死都在油土、畫布裡呈現。無論歌頌青春肉體的豐美或者背負著歲月即將消逝的衰老軀體，都是藝術作品表現中豐富的生命題材。

（三）由小部落唱到華語歌壇 / 世代共同記憶的歌曲

流行音樂是重要的美感媒介之一，一首動聽的歌曲可能是一個世代的記憶，以大家熟悉的歌曲旋律和通俗的歌詞內容，可以輕易喚起社會的集體情感。

臺灣這塊土地上的原住民擅長歌舞，傳統社會的歌唱形式，有人稱之為「踏歌」（圍著圓圈歌舞）與多聲部合唱。阿美族耆老黃貴潮即指出，原住民所謂的「歌唱」意味著兩三個以上的人聚在一起唱；而這些在一起唱歌的人，通常都是年齡相近、可分享共同成長經驗或常在一起勞動的夥伴，歌謠曲調便承載了他們的共同回憶。

相對於制式的音樂形式，原住民似乎更加重視融入現場整體氣氛與情感的傳達。東排灣族即有很明顯的應用「Parutavak」（引導旋律）的習慣，當領唱者起音，便能依當下場合加入吟唱虛詞或編入即興的歌詞（可以嚴肅也可以歡樂），隊伍成員重覆合唱，共同敘述著集體的感情；領唱者的母語能力與族群文化內涵需要相當造詣，亦即Parutavak古調

「引導旋律」帶動族人歌舞

「引導旋律」仍流行於部落間傳唱

中的歌詞通常是非常典雅和具有深度的，例如nalivan即是Parutavak其中之一，也是現代仍流行於部落的傳統古調，用於重要祭典或聚會，表達感謝、懷念等用途。

金峰鄉耆老黃進成表示，在豐年祭等盛會中Parutavak領唱「oh ai i yu in……」主要是禮讚天地與祖靈，感恩過去一年的豐收，並對頭目及來訪的客人表達敬意；尤其對部落頭目的禮讚有時以竹子來比喻，取其不斷發芽茂盛，象徵後代生養眾多、照顧子民之意，如果沒有好的母語造詣是無法唱出內涵深度的。另外，當部落男子進入青年會所且被族人認為有結婚資格後，想要追求女孩子時，會帶著比他年紀小的男孩一同到女方家中拜訪，對女孩Parutavak唱歌表達情意，所編入的歌詞有時像吟唱一首詩般浪漫，讚美女孩賢淑大方是部落的模範等。

1920年代的華語流行音樂以上海為發源地，相對地，臺語流行音樂則在日治時期於臺北萌芽。李臨秋、鄧雨賢在日本歌曲盛行的環境中，創作了〈望風春〉、〈四季紅〉等經典歌曲，為苦悶的臺灣民眾找到情緒出口。

動盪的1940–1950年代，華語音樂轉移至香港、臺北發展，臺灣繼承中華文化底蘊及自由開放的創作空間，逐步成為起華語流行音樂的中心，當時華語歌曲主要以大陸、香港歌星周璇、白光等人所唱紅的〈桃花江〉等為主，而臺語歌曲〈安平追想曲〉、〈孤戀花〉及〈港都夜

左圖 /
鳳飛飛專輯封面
（康哲榮攝）

右圖 /
蔡琴專輯封面
（康哲榮攝）

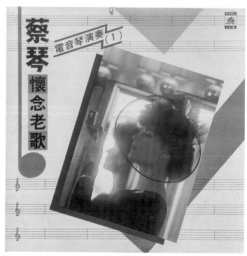

老唱機與唱片，帶我們回憶老歌。

雨〉等也發行唱片，撫慰了環境變動的不安情緒。

　　臺灣流行音樂文化養成的新一代歌手劉文正、鳳飛飛等人於1970–1980年代大放異彩，尤其鄧麗君的優雅氣質與溫潤嗓音，一首首動人的歌曲如〈我只在乎你〉、〈月亮代表我的心〉、〈小城故事〉，不僅打動了臺灣、東南亞和美加地區華人的心，達到了華語流行音樂的高峰，甚至突破了兩岸隔閡，獲得大陸民眾的共鳴，進一步影響了他們的流行音樂視野。

　　臺灣流行音樂會有如此發展，歸功數十年間前仆後繼投入音樂創作、製作與演唱的音樂人、歌手，其所留下質與量皆可觀的作品，累積成豐厚的流行音樂文化，讓新時代有足夠資本及條件為我們勾勒當代流行音樂的輪廓，創造屬於我們這個世代的共同回憶，留下社會大眾耳熟能詳的流行曲調與琅琅上口歌詞中的美感經驗。

▌全民而歌、創作豐盛的年代

　　從歌曲的翻唱到跟隨流行音樂潮流，由演唱歌手到創作歌手，臺灣

資深民歌手胡
德夫參加八八
風災關懷感恩
晚會時高歌

流行音樂在華語地區始終居重要角色。戰後臺灣環境受美式流行文化價值
觀影響甚深，年輕世代視聽、唱西洋流行歌曲為跟上時代潮流的表現。

　　1970年代末，楊弦、胡德夫等人以「唱我們的歌」為訴求推動「校園
民歌」，一時蔚為風潮，學生或民眾只要喜愛唱歌、創作都有機會出人頭
地，〈蘭花草〉、〈龍的傳人〉、〈外婆的澎湖灣〉等膾炙人口的民歌，
不僅進入流行市場，也擴及到社會各階層對本土歌曲創作的反思。

　　以批判社會現象為創作方向的羅大佑，其〈鹿港小鎮〉唱出了臺
灣社會變遷的感傷；1985年呼應世界和平年的主題製作歌曲〈明天會更
好〉，邀集臺灣六十位華語歌手共同錄唱，不但創下了全球華語流行音
樂歷史上的重要里程碑，也是為公益創作流行歌曲的先河。

　　1990年林強〈向前走〉開創了新臺語的搖滾風潮，洪榮宏也推出
〈風風雨雨這多年〉，為臺語歌曲擺脫苦情包袱注入清新氣質，來自卑
南族的張惠妹則以高亢的歌聲及舞臺魅力迅速征服華語流行樂壇，還曾
以歌手身分入選亞洲二十大風雲人物；此外，香港歌手張學友、劉德華

的〈吻別〉、〈天意〉等流行歌曲也大舉襲捲臺灣市場。

跨入2000年，江蕙持續用她美妙的臺語歌喉溫暖國人心靈；年輕世代偶像歌手崛起，集唱、作於一身的周杰倫創作〈聽媽媽的話〉、〈牛仔很忙〉等歌曲，藉著大眾媒體與網路傳播迅速的優勢，創下華語流行音樂的新紀錄。

臺灣流行音樂綻放異彩的過程是1940、1950年戰後出生世代的共同成長回憶。自己幼年時期聽著隔壁鄰居買回來的最新黑膠唱片，初識謝雷、青山、萬沙浪等歌手，好生羨慕大哥哥姊姊們能夠擁有這麼多唱片；學生時期聽收音機，愛上了爵士、搖滾歌曲，也認識了披頭四、貓王等美國流行樂天王；後來受到民歌風氣的影響，回頭重唱本土的〈望春風〉，一度還將它做為我們的「班歌」。

最特別的是服役期間，躬逢其盛紅透半天邊的鄧麗君，當年她到清泉崗勞軍，我帶著弟兄們出公差布置舞臺，猶記得用了一兩天的時間架了上千顆的燈泡，弟兄們的情緒卻一直很興奮，一反常態地沒人喊累。當節目開始，鄧麗君搭直升機從天而降換乘吉普車進場，一曲〈君在前哨〉現場歡聲雷動，隨後〈甜蜜蜜〉、〈水調歌頭〉、〈小城故事〉等膾炙人口的歌曲接續登場，那個美好的夜晚，讓我們沉醉在柔美的歌聲裡，留下服役期間難忘的經驗。

鄧麗君的〈我只在乎你〉其實是改編自日本歌曲，〈甜蜜蜜〉則採用印尼船歌旋律，足見除了本土創作外，各國歌謠長期以來也影響著臺灣華語流行音樂的發展，而與國際流行音樂潮流：嘻哈、饒舌、電音等曲風的互動也不曾缺少，顯示臺灣流行音樂寬闊的包融力與風格。

1990年間正逢兩岸對峙趨向和緩的變遷時期，許多受民歌洗禮的歌曲創作者或歌手紛紛前進大陸創作，開啟以北京為中心的流行音樂發展，兩岸華人合作創作的模式已成新一波潮流。

校園民歌大賽「金韻獎」紀念專輯（康哲榮攝）

跨過20世紀的臺灣社會，各式音樂祭、演唱會盛行，從白天到黑夜、都會到鄉間、室內到戶外，既可選擇充滿年輕熱力的搖滾樂團、電音春浪的瘋狂刺激，也可選擇懷舊風潮的經典流行老歌、資深歌手演唱會等令人耳熟能詳、回味再三的旋律，讓不同世代的民眾擁抱屬於他們的時光。

如今無論是在春暖花開時節或者夏日夜晚，坐在草地或海灘輕鬆享受一場音樂饗宴已成民眾的生活習慣；放眼未來，臺灣已累積數十年的流行音樂工業經驗，應該仍會繼續扮演華語流行音樂的重要基地，無論

島嶼音樂祭時
仲夏音樂會場
景

是大眾的流行音樂素養或已經深入生活的音樂創作風氣，都是不可忽視的潛在力量與基礎。

▌小部落創造出「金曲村」

從臺東卑南族南王部落的現代歌謠創作發展，可以看到臺灣現代流行音樂的縮影。1970年代，被譽為卑南族現代歌謠之父的陸森寶，將卑南族古謠融合西洋宗教聖歌與日式旋律，創作豐富的卑南族現代歌謠，在他的帶動下，由吳花枝等婦女組成的「南王民生康樂隊」灌錄了不少唱片，是原住民歌謠進入臺灣流行音樂的先河之一。

陸森寶對歌謠創作的投入影響了他的子孫輩，從1999年陳建年以〈海洋〉專輯勇奪第11屆金曲獎開始，南王部落族人不論原住民音樂的製作或流行歌曲的演唱屢創佳績，不斷地製造如紀曉君、昊恩、家家、南王姊妹花、陳永龍等金曲歌手，得到超過十座以上的金曲獎項，這對一個僅一千五百人的村落而言，恐怕是臺灣流行樂得獎密度最高的地區，大眾媒體也給予他們「金曲村」的封號。

稍稍擴大地域來看，臺東縣八萬餘人的原住民僅占全縣人口1/3，

南王部落出身的歌年陳建年

卻擁有聞名全臺的多位原住民歌手，除了南王部落的歌手，尚包括卑南族的胡德夫、張惠妹、桑布伊，阿美族的舒米恩、A-lin，布農族的王宏恩、排灣族的MATZKA等，他們除了是優秀的演唱歌手，大部分仍堅持自己創作，在原住民及臺灣流行音樂占有一席之地。

原住民視唱歌為生活的一部分，不為得獎而唱，平時呼朋引伴在自家庭院拿起吉他伴奏，就可以度過一個歡樂時光；雖然頂著金曲光環，

原住民歌手郭
明龍用歌唱與
人分享人生

南王部落的歌手們多半還是回歸平淡，選擇回去自己的職場工作，當警察與家庭主婦，強調唱歌是興趣也是幸福，外界的虛華宛若浮生一夢。也許正是這種「唱自己的歌」的寬闊胸懷與生活態度，讓唱歌成為一種分享，音符旋律也成為大家共同的經驗與記憶。

（四）舞動在天地間／土地與舞蹈

舞蹈是人們透過肢體，運用節奏、律動結合音符或模仿、或轉化，自然呈現情感與意象，並由動作產生的美感和觀者溝通，以達到心神意會境界的表演藝術；從舞蹈的肢體語言可以看出人與神、人與人及人與自然、土地之間的關係，而群體舞蹈更能顯示族群的集體思維、情感與生活態度等。

臺灣民間活動中常出現的「公揹婆」表演，由一人扮演兩種角色，做出老公揹老婆的樣子，是個人獨舞卻有著雙人效果的庶民舞蹈，很直接地表現人與人之間的親密關係，無論裝扮、角色都以詼諧、幽默為主，舞步由表演者自行發揮創意，通常是簡單的進退、扭擺，藉以逗笑小孩和觀眾。

人與神的歌舞以鄒族原住民Mayasvi（戰祭）來看，主要是對往來天上人間傳達訊息、保護聖所及出征隊伍的守護神i'afafeyoi（戰神）的重要祭儀，儀式以吟唱祭歌〈ehoi（迎神曲）〉、〈eao（送神曲）〉最為莊嚴神

聖，獻給神的樂舞與迎神、送神曲的音符像靈魂在走動般美妙，大家通宵達旦的沉醉在莊嚴、律動的節奏中，以簡潔有力的舞步歌頌、祭神。

人與土地、社群互動產生的舞蹈，例如臺灣民間藝陣中的「車鼓陣」，據說是清代臺灣南部遭逢天旱使農作物乾枯無法生長，人們虔誠地向天祈雨後終於天降甘霖，眾人歡欣地敲竹擊鼓、載歌載舞，演變成為今日的車鼓陣。

以舞蹈表現形式分類，臺灣舞蹈約可分為「民俗舞蹈」與「現代舞」兩大項。民俗舞蹈起源涵蓋原住民族、漢族兩大系統，原住民的歌舞經常與大自然連結在一起，並融入生活當中，不同族群也各自發展出不同的歌舞樣貌：祭儀歌舞代表如阿美族豐年祭歌舞、布農族小米豐收歌舞、排灣族五年祭歌舞、卑南族猴祭歌舞、鄒族戰祭歌舞、賽夏族迎矮靈、送矮靈歌舞、拉阿魯哇族（Hla'alua）聖貝祭歌舞等；至於生活中的工作、休閒歌舞則包括泰雅族口簧琴舞、織布舞，魯凱族鞦韆歌舞，達悟族頭髮舞、椿米舞等。

拉阿魯哇族的
聖貝祭歌舞

漢族舞蹈的表現內涵多半由民間傳統民俗文化演變而來，常見的
包括車鼓陣、布馬陣、牛犁陣、桃花過渡、婆姐、水族（蚌、烏龜、章
魚等）跑旱船、高蹺陣、鬥牛陣、公揹婆、宋江陣等。藝陣中流傳許多
兼具民俗美感的舞蹈形式同時也是靜態創作的題材，版畫家林智信〈迎
媽祖〉長卷作品中的「牛犁歌陣」，即是將表演作為版畫作品的創作元
素。

現代舞約於日治時期發端，臺灣學校的美育課程中開始有遊藝、律
動教學，直到蔡瑞月赴日學習現代舞，返國後於臺北市中山北路的日式
木造宿舍開設「蔡瑞月舞蹈研究社」，全力推動舞蹈教育，將現代舞的

林智信1995年
版畫作品〈迎媽
祖〉中的「牛犁
歌陣」（林智信
提供）

觀念正式帶入臺灣。

　　蔡瑞月共創作了〈印度之歌〉、〈咱愛咱臺灣〉等五百多齣現代舞碼，並且結合多元的舞蹈——將包含芭蕾舞、民族舞、臺灣民俗舞蹈等元素入其中，被稱為「臺灣現代舞蹈之母」。

　　1949年國民政府來臺，

上圖 /
現代舞是舞蹈
科系必修課程

下圖 /
民族舞是舞蹈
教育的核心之
一

帶入漢族、京戲及少數民族舞蹈，在大專院校創立舞蹈科系，開始專業、系統化的培育舞蹈人才，舉辦民族舞蹈比賽，接著陸續由日本、歐美歸國之舞蹈家回臺教授芭蕾舞及推展、演出全幕芭蕾舞劇，帶動起臺灣舞蹈的全面發展。

大陸來臺的舞蹈家李天民，除了在舞蹈科系傳授芭蕾舞等專業訓練，曾於1950年代在花東、蘭嶼等地著手採集特殊性的原住民舞蹈，著成

《臺灣原住民舞蹈集成》一書，並以原住民舞蹈元素創作〈高山青〉、〈黑森林〉等舞碼，提升臺灣舞蹈特色。

臺灣舞蹈呈現多元且百花齊放的局面，而現代舞開發、應用肢體語言的表現，逐漸成為舞蹈科系的必修與創作趨勢。1973年林懷民自美學習現代舞返臺，創辦「雲門舞集」，為臺灣第一個職業

舞團，帶動臺灣現代表演藝術的發展，林懷民陸續創作〈行草〉、〈竹夢〉、〈水月〉、〈流浪者之歌〉、〈紅樓夢〉、〈白蛇傳〉等七十多齣膾炙人口舞蹈作品，舞團發展也受到國際重視，一年中有1/3的時間在世界各地巡演，成為臺灣文化的代表之一。

▌舞動在稻禾間

稻米與臺灣人的生命依存關係久遠，對它的情感深厚。目前考古發現臺灣最早的稻米出現約在四千多年前，2003年中研院士臧振華與李匡悌博士於南科南關里遺址發掘出四千多粒碳化米，送往中研院植物所進行形態學分析，經同位素定年推測距今約四千八百年，是國內考古史紀錄出土最多、年代最久的米粒，證實新石器時代大坌坑文化晚期的人已食用穀類也栽種稻作。

臺灣西部平原及花東縱谷，稻田阡陌縱橫、綠秧千里；尤其池上至關山之間，遠處中央、海岸山脈兩側白雲裊繞、近處的翠綠稻田稻浪俯

關山至池上間一望
無際的稻田景觀

仰，無論插秧或稻子成熟、收割，每個季節都有其自然環境與人為生產的和諧景觀。

當稻作成熟季節，我們走在廣闊的稻田宛若置身天然圖畫裡，黃澄澄的稻浪迎風而來，感受到的不僅是豐盛的收穫，更是出自土地散發的一種富足和飽滿的美感。在藝術創作上，更能反映出它富生命意涵的特殊美感，黃銘昌〈向晚（水稻系列）〉以細膩的寫實技巧描寫亞熱帶臺灣的稻田，無論稻作質感或稻田景觀皆為土地的最佳寫照。

池上米是臺灣代表性的稻米之一，位於花東縱谷與中央山脈間的池上，海拔250-293公尺，氣候日夜溫差大，流經池上的新武呂溪的清澈水源，帶來富有機質的黏性土壤，且因日照充足，成長期稻米可得到充分休息，再加上廣闊的土地上沒有任何工廠污染，諸多優異條件為池上提供了最適合稻米的栽種環境。

當地農民栽種稻米十分認真，並重視永續利用的觀念。為了讓稻米

黃銘昌
向晚I（水稻系列）
1993　油彩、畫布
135×194cm
（黃銘昌提供）

自然生長，稻田間不設置電線桿，避免
人工光源影響，也直接維護了完美的稻
田景觀；另外，捨棄使用化學肥料，以
大量人工進行搓草施肥，讓稻田得到土
壤涵養。農民付出的總總努力，展現出
對出產優良稻米的堅持與自信。

　　池上稻米的美，受到臺灣現代舞
團「雲門舞集」的青睞，促使舞蹈家林懷民將雲門創團四十年的紀念舞
碼〈稻禾〉搬到池上首演。林懷民的創作常以稻米做為舞蹈意象，其中
以雲門舞集1994年首演的現代舞作品〈流浪者之歌〉最讓民眾驚艷，這齣
改編自赫塞作品的舞碼，創作靈感來自林懷民旅行印度恆河畔的感觸，
被稱為該團的「黃金之舞」；其中一幕自舞臺上傾瀉而下的金黃稻米，
如同源源不斷的溪流，舞者和金黃稻穀的交互對話，帶給現場觀眾視覺
與心靈極大的震撼。

　　享譽國際的雲門舞集到池上首演〈稻禾〉，舞者早在兩年前就到池
上選地、親近稻田，學習以原始方式種稻，不僅長期觀察還親自參與種
稻；雲門的表演是地方上的大事，許多農民種了一輩子稻子卻沒看過一場
現代舞表演，他們為此感到新奇，也為舞者體驗稻田勞動的精神感動，當
舞蹈就在自己的稻田上展現時，農民們臉上更是綻露出歡愉的笑容。

上圖／
一片稻田美景

下圖／
稻穗成熟都垂下腰

上、下圖／
雲門舞集〈稻
禾〉舞蹈現場
（朱志恒攝）

　　〈稻禾〉以池上稻
田為背景，將土、風、花
粉等大自然現象轉化為
創作元素，象徵由土地播
種、受粉、結實到火焰般
成熟，襯托出稻禾與土地
的親近關係；隨後藉著單
一到群體舞者揣摩農作、
勞動的肢體語言，例如以
長竿揮打曝曬稻穀，到收割完後的稻田荒地，等待進一步蛻變新生。舞
者用抽象的肢體動作呈現稻禾的成長周期，然而，稻米經播種、搓草施
肥、收割、焚燒稻草、休耕再生長的循環過程，未嘗不是雲門四十年來
一路走過的痕跡。

　　在金黃稻浪地景構成的簡單田園美感，加上優雅、質樸的配樂襯
托，舞蹈表演除去造作的美感融入自然，確實有不凡的感受，也為稻米
這個古老又與我們關係密切的作物，透過舞蹈激盪出新的美感體驗。

▋歌舞劇與婚禮

原住民歌舞與生活結合，舉凡祭儀、工作、休閒、娛樂皆可以用歌舞傳達，近年來以原住民文化內涵編製的歌舞劇表演，或製作成大型舞劇登臺演出的風氣方興未艾。

創立於1991年的「原舞者」舞團，是由愛好舞蹈的各族群原住民所組成，歷經草創時期的〈山水篇〉，陸續推出〈矮人的叮嚀〉、〈VuVu之歌〉、〈牽INA的手〉、〈誰在山上放槍〉、〈懷念年祭〉等舞碼，用獨特的表演藝術形式，站上臺灣舞臺。

原舞者在舞臺上演出的各族群舞碼，背後皆有紮實的文獻及田野紀錄，經由成員親自到部落採集、向耆老請益，再編成舞碼演出，寫下原住民舞劇以民族學為基礎，進行樂舞文化傳承的模式；國立臺灣史前文化博物館則以部落為主體，藉田野調查再由部落族人自行詮釋族群文化，2007年推出的《馬亨亨歌舞劇》，就是以馬蘭阿美族頭目流傳的事蹟進行製作。

2014年臺東嘉蘭村魯凱族人將《百合花婚禮》以歌舞劇方式搬到史

《百合花婚禮》歌舞劇中豐富的聘禮（黃士容攝）

前文化博物館舞臺呈現。依照魯凱族傳統婚禮習俗，第一天新郎及家人要先到山上砍取木柴，綑綁後攜赴女方家做為聘禮，聘禮另外還包括鐵鍋、佩刀、女性傳統服飾、檳榔、小米糕、小米酒及豬隻等，女方家清點聘禮後，雙方親友就在庭院中圍圈歌舞同歡。第二天雙方親友赴女方家舉行迎親儀式，在部落族人面前展示所有聘禮，並由部落長老、雙方家長代表發言感謝大家參與，當天晚上宴請雙方親友，再以傳統歌舞祝賀。第三天，男女雙方迎親隊伍移至男方家中進行另一場的歡宴與歌舞，整個婚禮和儀式才告一段落，歌舞貫穿整個婚儀，顯示出它的重要角色。

《百合花婚禮》的歌舞劇從小米收成和入倉儀式開始，緊接著刺福球儀式的是整齣歌舞劇的高潮——婚禮，女方以歌舞迎接男方親友，新郎和族人們送上佩刀、琉璃珠、大鐵鍋、甘蔗、香蕉、小米種、九芎木等聘禮，親戚婦女為新娘配戴百合花頭冠，在新郎、新娘從小一起成長的部落青年會成員吟唱歌謠祝福下，完成魯凱族傳統結婚儀式。女方母親隨後加入吟唱表達依依不捨的情緒，與新娘淚水交雜而成的哭調歌謠使現場流露動人情感，許多族人與民眾紛紛拭淚。歌舞劇末段族人牽起手，用團體歌舞祝福這對新人，而新郎雙手環背於後，新娘以膝蓋跪踏登上，新郎順勢背起新娘繞行在親友之間，揮手感謝大家的祝賀並邀請現場來賓加入團體舞，新郎與新娘再分別送出喜糖回謝婚禮來賓，並一起同歡。

《百合花婚禮》歌舞劇中新郎揹著新娘繞行在親友之間（黃士容攝）

　　《百合花婚禮》歌舞劇展現魯凱族人婚儀的過程，參與演出的男女老少族人皆是素人演員，把它當作生活中的儀式自然演出，見證感人的《百合花婚禮》；新郎與新娘在隔了一個月後另在部落宴請族人，完成這場真實與展演交織的難忘婚禮。

（五）流行美感的魅力／影視與表演藝術的綻放

　　影像是現代科技發展下進展速度最快、變化也最多樣的創作媒材，許多藝術家應用影像來從事創作；另一方面影像也因結合生活實用，發展得尤為迅速，從早期電影大螢幕、家庭電視小螢幕到網際網路，如今影像流動四通八達幾無國界，速度更勝以往千萬倍，是獲取資訊的最佳管道，成為生活中不可或缺的媒體形式。

　　藝術家靈活運用影像，使藝術創作充滿無限可能，既可表達現代人的美感觀念，也可以訴諸社會的各種議題或現象。張弘毅影像作品〈見

左頁上、下圖／
《百合花婚禮》歌舞劇的團體歌舞
（黃士容攝）

張弘毅的影像作品
〈見怪不怪〉
（張弘毅提供）

怪不怪〉結合唱片CD錄製，並在發行的MV上將神像與鈔票上的人物，都換成歌手的臉孔，表面上為國為民的民代，其實是黑金所堆砌出來，神明是眾人信仰，當樂透槓龜，神明的歸宿就從神桌換成垃圾場，諷刺臺灣社會的亂象。

就媒體的特殊性質而言，電影反映了時代的美感觀念和流行，在生活中的休閒娛樂占了重要角色。無論是年輕人約會共度美好時光，或者釋放工作、家庭、課業等壓力，看電影成為老少咸宜的興趣，在成長過程中一路陪伴，是很多人共有的相同經驗，雖然環境的變遷迅速，電影作品的影響力仍不容小覷。

對電影懷有夢想，可能是許多人小時候的記憶。早年住在鄉下，看場電影是內心最盼望的事，記得看到〈龍門客棧〉、〈獨臂刀王〉等影片，就算上演的是二、三輪片，小小心靈都會洋溢著一種幸福的滿足感；除了偶爾看場電影，平時沒事也喜歡流連在小戲院，看放映師傅拷

右頁上圖／
充滿回憶的老電影膠捲
（賴豐奇提供）

右頁下圖／
辛奇導演的舞臺劇照
（賴豐奇提供）

貝、剪接膠卷，接觸新奇事物過過乾癮。

電影院的廣告看板是另一項吸引人注目的地方，「畫看板」師傅從板子上打格子、訂比例，以油漆畫出一塊塊看板，再到戲院外牆的鷹架上組成巨幅電影劇照——其實就是用油漆材料繪製的超大型寫實肖像畫，在臺灣早期美感教育不普遍的時期，戲院的宣傳看板畫曾是許多畫家對繪畫產生興趣的開始。

另外有一種露天野臺電影，每當宣傳車開進村落，孩子們一聽到廣播聲就跟在背後跑或搶著撿宣傳單；母親更是催促著孩子們快點吃飯、洗澡好去看電影。播放場地在空地上，掛起的白色布幕隨風搖曳，觀眾目光也跟著晃動，管它演的是國語、臺語片，只要是免費電影大家都搶著看。

1960年間是臺語片的興盛期，導演賴豐奇2000年以紀錄片《班底》，回顧臺語片大導演辛奇的一生，由曾與辛奇合作過的演員及工作夥伴，藉觀看過去留下的影像一起回憶當年拍片的情形，並紀錄了這群人在影視環境變化下的晚年生活；辛奇於日治時期從事舞台劇，曾製作《守財奴》等劇諷刺社會現象，戰後他執導了九十多部臺語片。

香港電影人才技術接著進入臺灣，帶來膾炙人口的黃梅調電影《梁山伯與祝英臺》，吸引大量人潮進入戲院觀賞，當劇情演至梁山伯與祝英臺的無緣結合，觀眾泣不成聲，將彼此情感融在一起。那段時間每個人都能哼上一小段黃梅調，可見電影媒體的影響力。

1971年李小龍的電影出現，以精湛的中國功夫風靡國際，引起許多男生爭相仿效，偷偷地鍛鍊身體，希望擁有六塊肌，甚至有人土法煉鋼學習雙截

棍法，簡直崇拜極了。李小龍拳打地方惡霸、腳踢侮辱華人的外國人，讓人看了血脈賁張，激起一股民族情感，電影在無形中扮演了很好的民族教育工作。

這個時期也是國片的黃金年代，由瓊瑤愛情小說改編的電影幾乎片片賣座，「二秦（秦漢、秦祥林）二林（林青霞、林鳳嬌）」是紅透半天邊的明星，電影內容更是青春少女憧憬的愛情理想。

1980年臺灣新浪潮電影出現，《光陰的故事》帶我們回味鄉土的美好，之後國片逐漸被洋片取代，沉寂了很長一陣子；1999年，李安以《臥虎藏龍》得到奧斯卡最佳外語片金像獎，雖然不全然是「國產」電影，但是將武俠片出神入化的飛簷走壁功夫，透過影像拍得如此完美，確實讓國人有揚眉吐氣之感；李安的電影就像是藝術品，其追求完美的執著

李小龍
《精武門》
電影海報

個性，使每部作品無論是文學的重新詮釋或新科技的應用，都是全新挑戰。2006和2013年李安以《斷背山》和《少年PI的奇幻漂流》奪得兩座奧斯卡金像獎最佳導演，不僅肯定他個人的能力，也為臺灣、華人在世界影壇爭得難能可貴的榮譽。李安對電影藝術的熱愛和美感認知，促使他不斷追求電影的理想與成就，帶領我們欣賞並將電影藝術推向更高峰。

李安的從不隱瞞自己的電影夢想，高中時期為了逃避課業壓力躲在電影院裡，沒料到卻啟發了他對電影的愛好。他的表現讓當年的電影院業者與有榮焉，特別製

以李安和電影院為
主題的文創品

作了「時光寶盒」文創品，向這位享譽全球的電影藝術家致敬。

在這種內外皆受激勵鼓舞的氛圍裡，2008年出現令人耳目一新的本土電影《海角七號》，2011年的《那一年我們一起追的女孩》也有十分亮眼的表現，再度興起一股國片熱潮，綻放國片發展的另一道曙光。

電影做為藝術的綜合體，是一群藝術家——包括編劇、燈光、音效、攝影和服裝道具等專業人士努力的結果，而導演是掌舵的總指揮，帶領全體追求無止境的藝術理想，用影像紀錄人生經驗與時代美感，使觀眾觀賞一部電影就如同走一趟人生的悲歡離合或是一段超越現實的完美演出。

▌電視與流行美感的傳播

電視與近代臺灣民主化過程幾乎同步發展，自1962年第一家電視臺成立，螢幕由黑白換成彩色，電視進入到家庭不過五、六十年的歷史，但它迅速融入生活並成為家庭中重要一部分，影響廣泛，不但是資訊流通的平臺、認識國內外大事的主要媒介，也是創造家喻戶曉的影視明星或社會名流的管道。

電視已成為家
庭必備的電器
用品

　　早年僅有所謂的「老三臺」，即臺視、中視、華視等三家無線電視臺，1990年代以後陸續開放，於是無線臺開始於衛星傳送、有線電視加入經營，公共電視臺成立，形成電視臺百花齊放的狀態；2012年以後全面改為高畫質數位電視，更使電視臺的競爭進入「戰國時代」。

　　1962年臺視播出的「群星會」，是臺灣第一個現場直播歌唱綜藝節目，也是60、70年代最受歡迎的電視節目，當年歌手包括青山、謝雷、張琪、冉肖玲、倪賓、白嘉莉、余天等，迄今仍令人回味，唱紅的流行歌曲如〈意難忘〉、〈今天不回家〉、〈痴痴地等〉、〈傻瓜與野丫頭〉、〈藍色的夢〉、〈榕樹下〉等，在電視與廣播推波助瀾下都成了今日的經典老歌。

　　雖然早期電視節目無法以多元文化角度製作節目，但穿插播出西洋名片、影集等，仍提供了多樣性的選擇，尤其日本摔角比賽，猶記得每當節目播出的夜晚，家裡總擠滿了左鄰右舍的叔伯長輩、老少原住民，經常看得咬牙切齒或歡呼聲四起，在鄉下成為最期待的節目，至今都還記得豬木、馬場等摔角明星。

　　此外，電視不受時空影響轉播國外的現場棒球賽事，也曾激起國人的熱情，1969年金龍少棒揚威美國，許多人更是徹夜守候，熬夜看棒球比賽，當獲得冠軍的時刻來臨，還有人燃放鞭炮慶賀，展現上下一條心的喜悅。

在經濟起飛的年代，每到晚餐時刻，很多家庭成員都是圍在電視機前，邊吃飯邊看綜藝節目，如〈連環泡〉、〈綜藝萬花筒〉與歌唱比賽〈五燈獎〉等，這些精彩的綜藝節目豐富了我們美好的回憶。大型綜藝節目是電視的核心，除了培育出歌手、捧紅流行歌曲，也是戲劇人嶄露頭角的舞臺，節目〈綜藝100〉以唱歌、舞蹈配合短劇多元演出，收視率一直居高不下，並屢獲金鐘獎肯定，當中的短劇表演人才如李國修、顧寶明、李立群等，後來轉戰舞臺劇皆有傑出的表現。

今日臺灣電視事業發達，有線、無線電視臺頻道超過百臺，民眾可以自由選擇各式各樣的綜藝、戲劇、電影、體育、卡通、宗教、購物臺節目，也有以公益出發的公共、客家、原住民等電視臺，是小螢幕加上網際網路等媒體平臺全面發展的數位世代。

電視節目的發展與舞臺需求，為各類型表演人才提供了寬闊表現空間，而因節目曝光形成的影視名人「偶像」，運用其影響力為各類活動及商品代言，如穿著品味與嗜好，帶動起社會的流行和消費習慣，進而創造出當代的流行美感與話題。

▋ 戲劇的傳承與創新

「戲如人生」——戲劇反映人生百態，臺灣戲劇發展就如同舞臺上演出的一齣戲劇，從浮沉中體悟了各種人生況味。戲劇於清朝時期開始在臺灣社會出，表演內容常以傳統倫理道德和鄉土文化為主，雖屬小眾團體卻頗受歡迎。

日治時期受到皇民化影響，歌仔戲遭打壓、禁演，戲班於是以流行歌曲取代歌仔戲唱腔，傳統的鑼鼓點也改以西樂伴奏，因此產生了「胡撇仔戲」。胡撇仔即英語「Opera」，這種新的表演形式，背後隱含的是臺灣戲劇發展的坎坷與韌性。

戰後，臺灣戲劇多半以激發愛國意識或激勵人心的劇碼為主。1946年上海戲劇工作團隊來臺，先後表演《河山春曉》、《野玫瑰》等反映時代的劇碼，主要以宣傳為目的；1947年國防部成立演劇隊在軍中推廣戲劇，演出反共抗俄戲碼，間接培養出愛好戲劇的人口；1960年李曼瑰從

歐美引入「小劇場運動」，並因救國團的提倡而開花結果，使當時流行的話劇逐漸演變為舞臺劇形式；1970年代後，臺灣劇場出現了許多優秀人才，如李國修、金士傑等，他們在影劇等各種舞臺輾轉歷練，既能編劇、亦能擔任導演，有時更擔當演出，展現各式才能，劇場的舞臺、燈光、服裝造型設計等也邁向專業發展。

1980年代創立的「實驗劇展」，採取創作劇本或改編作品演出，兼顧傳統戲劇與融合現代劇場的表演模式，逐步拓展臺灣現代戲劇的輪廓與內容，劇本包含關懷時事及社會變遷下的省思等議題；其中尤以1984年賴聲川成立的「表演工作坊」最受到觀眾熱烈迴響，《那一夜，我們說相聲》、《暗戀桃花源》、《寶島一村》等舞臺劇碼歷久不衰，將表演藝術與大眾文化深刻結合的作品內涵，不但開創華語戲劇創作領域，也獲得中外媒體的好評。

除了臺灣本地劇場的經營，表演工作坊也帶著這些劇碼分赴新加坡、大陸進行演出，成為臺灣表演藝術輸出的代表性劇團；近年來表演工作坊更進一步創作相聲、電影及電視單元劇等表演藝術項目，同時成立子團專注發展實驗戲劇及小劇場創作，為臺灣舞臺劇團寫下新頁。

金枝演社劇團
的臺式歌舞劇
表演
（許家綺攝）

1986年李國修以對戲劇的熱情創立「屏風表演班」，融合傳統京劇、流行歌舞等多元表演形式，劇本內容除關懷社會議題並更貼近庶民生活，從《京戲啟示錄》到《北極之光》、《西出陽關》、《徵婚啟事》皆膾炙人口。

　　90年代在文建會等單位大力推動劇場表演藝術之下，各地興起了一股小劇場、劇團風潮，各類型的劇團應運而生，如1992年成立的「紙風車劇團」，以兒童劇為主要演出內容，演出形式包括舞臺劇、音樂劇、默劇、偶戲、黑光劇等。

　　1993年由臺中歌仔戲班世家創設的「金枝演社劇團」，承接了「胡撇仔戲」風格，推出本土劇《臺灣女俠白小蘭》，並以野臺戲方式用卡車舞臺走遍全臺演出；金枝演社劇團陸續製作《可愛冤仇人》、《玉梅與天來》、《勿忘影中人》、《大國民進行曲》等歌舞劇，將大量本土庶民文化搬上現代劇場，呈現臺式歌舞劇特殊的風味與魅力。

　　長期以來舞臺劇場的觀眾群雖屬小眾，但表演藝術觀念已深入民眾生活，一般學校課堂、社團或公司行號舉辦歡慶活動時，常會精心設計內容不論中西的表演節目，成為促進學習動機及活化組織文化的良好潤滑劑。

表演藝術風氣已深入社會

洪瑞麟　臺北火車站
1930　水彩、紙
28.5×39cm
（藝術家出版社提供）

（六）心靈的車站／車站的公共建築與藝術

　　臺灣島嶼特殊的地理環境，孕育出特有種類的動植物；而對於多元文化的包容與接納能力，造就了今日土地上百花齊放的文化景觀。在臺灣的開發過程中，做為城市交通樞紐和代表性公共建築物的車站，最能具體反映出這個現象。

　　車站位置經常是城市的重要指標，與居民生活緊密相連，人們一生中多少次的送往迎來、悲歡離合的情緒都在此上演。車站的建築與周遭環境融入庶民生活，成了心靈中的記憶，車站幾乎就是人生驛站的縮影，也是城市容顏的象徵。

　　早期前輩畫家喜歡描繪車站建築，洪瑞麟的〈臺北火車站〉，以水彩描繪1930年代臺北車站特殊的站體造形，前方還有大片堆放的木料，顯示相關工程仍在進行，遠方天空的夕陽散發出柔和色調，展現洪瑞麟擅長捕捉自然中色彩與光線的個人特色；而透過陳植棋的作品〈基隆火車站〉，可以看到造形特殊的車站建築與站前景色、站後山景，將車站與

地方民眾的互動描寫得十分入味。

　　臺灣鐵路與城市發展的關係，就如火車頭向著未來一路奔馳。留下的車站建築保留了諸多城市開發的歷史記憶，當年設計的日本建築師，負笈歐洲學成歸國，將所學到的美感經驗在臺灣實踐，而因建築師各留學不同國度之故，臺灣從北到南的車站歷史建築，居然也匯集了各式的歐式建築語彙。迄今我們仍能夠親近、品味這些「公共藝術」，置身車站歷史建築，彷彿自己就身處異鄉，但卻又是近在眼前般的親切。

　　新竹火車站是臺灣現存車站中歷史最悠久的，清代首任臺灣巡撫劉銘傳基於海防、開發與運輸的需要，於1893年完成基隆至新竹段鐵路。當初的新竹火車站設於枕頭山下，稱做「新竹票房」，為土埆造建築；現今的新竹車站則完工於1913年，為曾經留學德國的日本建築師松崎萬長所設計，採德國哥德式建築的造型元素，是德式建築在臺灣的代表作。哥德式的建築外觀多有鋸齒狀的尖塔與飛樑（傾斜的拱壁），尖拱型的大門使建築挺立更形高大；內部則利用肋拱穹窿撐起，營造巨大的氣勢並減輕屋頂重量，窗戶上的彩繪玻璃與玫瑰花窗則有漂亮的裝飾效果，是

李澤藩
新竹火車站前貨場
1937　水彩
50×67cm
（李澤藩紀念藝術
教育基金會提供）

經過長期累積而漸趨成熟的建築技術。

　　臺中車站則由日本第一代留英建築師辰野金吾設計，採英國古典式建築風格。主體紅磚結構，牆面有紅白相間的橫帶裝飾，立面山牆為考量採光設計的長型窗頗為壯觀，斜式屋頂與方形量體穩住整座建築，中央尖形鐘塔突出了整座車站的特色與氣勢，也反映出其城市地標的特質。

新竹火車站
（蔡忠穎攝）

關山車站舊站

臺中車站已被列為國家二級古蹟，然而受到市區朝西側開發以分散舊市區交通壅塞狀況，以及公路客運競爭、高鐵臺中站啟用等影響，車站的重要性已不復往昔，不過仍為市區重要的交通核心。

大型城市的火車站有宏偉的公共建築，地方火車站則有別緻的小鎮風華，臺灣環島鐵路尚未貫通前，穿越狹長花東縱谷的花東鐵道是適合小火車行駛的窄軌類型。日治時期花東鐵路分段開闢興建：1910-1917年的臺東北線工程，鐵道從花蓮至玉里，沿途動用了七十五萬人次的原住民人力施工；1919年由「臺東拓植會

臺中車站舊站
（陳秋如攝）

社」興建臺東至關山南線路段；1922年日本政府以九十五萬日圓購回整條鐵道經營，並完成關山至玉里段；1926年全程通車啟用，總長171.8公里。

關山舊火車站即在此背景下成立，日治時期它就是花東鐵路的中繼站，早期舊站前廣場種植了檳榔樹，主體是磚造結構，仿效西方古典幾何建築元素，西洋屋頂採兩段式傾斜的曼薩爾式設計，以五邊形半圓錐體為造形，配合寬敞明亮的窗戶設計，整體融入日本北部農家的溫馨樣式，也是全臺唯一有「歐式風格」建築的小型車站。

由於關山位於花東線中途站，車站建有一棟日式木造結構宿舍，做為站長住宿之用，牆體為竹編夾泥牆，以白灰粉刷，屋頂為四坡水形式，靠外側的凸窗設計十分有特色。

關山舊站連結著地方情感與記憶，從老照片中的影像中，可以看到站前擠滿了人，有挑著菜籃的婦人、提著包袱的路人，很有鄉村趕集的

味道。目前現址還保存一棵七十年以上的老茄冬樹,甚至保留著昔日的站前旅館,與舊宿舍和舊火車站構成一幅美好的圖畫,感受小鎮的昔日風華。

▍迎向未來——高雄捷運車站的公共藝術

高雄火車舊站建築完成於日治末期1941年,與西部幹線的其他車站有所差異,不一味的以移植歐式古典建築式樣為標準,而是適時融入了和式建築設計思考與在地意象,成為另類型態的車站建築。

高雄舊火車站主體為「和洋混合」式樣建築,由三層正方體組成,屋頂外觀如同高雄的「高」字型,宛若一頂帝冠的屋頂造形,強調東方傳統的建築風味;建築正面裝飾著優雅的圓窗,站內廳舍則為西式格局,挑高的柱頭上採用西式棕櫚葉紋雕飾,充分展現細緻雕刻。近年來高雄火車更新為三鐵共構新站,為了與高雄捷運共構,同時保留城市記憶和地方人文歷史,將舊站建築往外遷移80公尺,計畫於工程完工後將舊建築體遷回原址。

車站建築體結合公共藝術與重視美化的觀念已成為國人共識,而高雄捷運車站除了符合便捷的交通基本機能,更是車站結合公共藝術的實踐實例。2008年啟用的美麗島捷運站,以1979年於此地發生、影響臺灣民

高雄車站舊站

主運動的美麗島事件命名，其內部令人興奮的〈光之穹頂〉公共藝術，
寫下了現代都市大眾交通運輸車站的新型態。

　　光之穹頂為玻璃藝術作品，由義大利玻璃藝術家Norcissus Quagliata設
計製作，兩根圓柱撐起一大片圓盤造形，前者紅、藍圓柱源自於中國的
陰陽觀念，後者則代表宇宙誕生、成長、繁榮到毀滅的生命循環。這片
從藝術家的故鄉義大利威尼斯引進的水晶圓盤，繪製了孕育世界文明的
太陽、月亮、土地、海洋的故事，好像在高雄土地上建造了另一座賦有
東方哲理的「創世紀」。

　　公共藝術是親近大眾的藝術作品，〈光之穹頂〉綻放光鮮亮麗的色
彩，很符合南臺灣民眾熱情、像大海般奔放的性格；擁有這件公共藝術
品，對城市的記憶將會是驕傲、幸福的感覺，生活在這幅美麗作品周遭
的民眾，每天經過或穿梭而過時，應該都會油然而生出一股美的感受與
正向能量。

▌心靈的車站──多良

　　想像站在山坡上鳥瞰太平洋，身旁的樹叢連接著海天一色，視野相當開闊，一座車站就躺在腳下，火車從眼前的山海間穿越而過，最後進入山洞──這是多麼虛幻的場景呀，與印象中擠滿熙熙攘攘、川流不息人群的車站，反差太大。

　　南迴鐵路位於太麻里鄉的多良車站，2006年因業務考量裁撤了站務營運，但卻因為擁有在車站月臺就可以眺望美麗大海的地理優勢，被譽為全臺最美的車站。雖然裁撤了車站，卻裁不掉它的美麗景緻和蜂擁而至的遊客。

　　多良火車站建於山坡地，當初以高架設計，一樓為候車室與售票處，以醒目的紅色欄杆隔出月臺，二樓規畫為觀景臺，站在此處除了可感受火車過站的瞬間速度感，還可以欣賞太平洋美景，吸引許多遊客駐足。

向陽薪傳木工坊製作的「天使信箱」鐵雕藝術裝置

多良火車站的月臺
可以眺望美麗的太
平洋

　　2008年八八風災後，多良海邊擱置了大量漂流木。在社會各界的協
助下，利用裁撤的多良國小教室成立「向陽薪傳木工坊」，培訓當地東
排灣族原住民工藝技術，利用漂流木為材料做成桌椅、大型木工家具或
是精巧童玩、客製紀念品等；工坊也在多良的土地上，製作了展翅高飛
造形的〈天使信箱〉鐵雕裝置作品，好像飛翔在碧海藍天之間為旅人捎
來信息，為東臺灣的海角一隅帶來浪漫氣息。

　　對多良車站而言這也是一個轉機，「向陽薪傳木工坊」的漂流木工
藝創作基地就在多良火車站山坡上方，遊客往上爬一段斜坡，就可以看
到這些別緻的手工藝產品，結合文創產品、自然景觀、部落美食及熱門
的火車站景觀，宛如臺灣鐵路的夢幻車站。

　　看著山坡上的人群，上下之間好比是都會捷運電扶梯穿梭的人潮，
不同的是多良少去了擁擠，多了一份悠閒與自然為伍的心情。如果車站
公共建築景觀涵蓋靜態建築物與動態的人文風景，那麼多良整體就是一
個融合自然景觀最美的公共藝術作品。

　　這個車站，如同臺灣人的心靈車站，讓人有重返的意願與衝動。

後記

　　喜愛美的事物是人類普同的天性，美感經驗則是我們追尋美的記錄值，經年累月成了各地區、民族的重要文化資產。對我而言，《美感臺灣》有幸出現，如同完成了一件重要的美感工程，尤其藉著它虛實相映的特性，能夠串聯起與師長、學生、朋友們之間的互動，連結溫暖的情誼，好比做了一次另類的「美感聚會」，更是寫意人生。

　　這本書的起心動念，部分與2015年舉辦的「我們的翠玉白菜：一堂三十年的國中美術課」展覽有關，藉著當年美術課所保留下來的作品，讓我和學生們重溫三十年前的藝術夢，即便是如此平凡的作品，也有強烈的感染力，想必是大家擁有相同經驗，加上多年來保有的情感所致。

　　事後，我著手整理文稿，民間美感經驗成為思考中不可或缺的內容，學生們願助我一臂之力，施貴鳳動員了吳彥呈、詹易達等登山家族成員；陳秋如豪氣登高一呼，號召攝影同好贊助照片，倍感窩心；也得到王多、李吉崇、陳文生、陳淑靜、陳參祥、溫上德、郭書吟、賴新發、盧慶文等的支持，讓全書更形完整。

　　在現實社會裡，每個人以自我方式詮釋美，各類有形、無形的美感應用，無論是藝術創作或實用器物，作品既傳達生活中美的感受，也代表著個人的美感喜好與修為。書寫過程中正值母親與病魔搏鬥的時刻，在病榻旁陪她，想起她老人家一生的苦難，宛如大多數老一輩臺灣人經歷的縮影，他們對於傳統留下來的價值觀與質樸淳厚的生活美學卻有一定的堅持，讓我思索回味再三。

　　感謝李奇茂、林永發、林智信、席時斌、陳東元、陳品華、陳陽春、黃銘昌、郭香玲、張克齊、張韻明、楊安東、蘇峰男等藝術家、老

師們，李梅樹、李澤藩、蒲添生、陳景容等基金會及劉國松文獻庫等提供美好創作。昔日同窗劉聰錫的熱心牽線，取得林宗寶山林美景攝影，曾雙春、曾允則父子兩代毫無保留支援精彩的紀錄與創作；白宜芳、巫素貞、馬靖文、黃華源、張弘毅、賴豐奇、鄭麗雲等也慨允提出創作及協助。王栩韻、王國政、朱志恒、李蕙君、林發正、吳玫萱、姜柷山、高正全、莊美琴、許家綺、陽瑞慶、黃士容、康哲榮、蔡忠穎、鄭國正、魏尚斌等各地好朋友們的熱情相助，更增色不少。

　　也要謝謝下列單位，包括：中研院生物多樣性研究中心、中研院地球所、文化部文資局、交通部觀光局及日月潭、西拉雅、花東縱谷、東部海岸、馬祖、澎湖等國家風景區管理處及金門國家公園、行政院農委會漁業署、茶葉改良場；宜蘭、高雄市、臺北市等美術館及臺灣美術館、臺灣藝術教育館、臺灣史前文化博物館；臺中市葫蘆墩文化中心編織館、臺北市鄉土教育中心、臺東縣府、臺南市政府文化局、高雄市政府駁二藝術特區；三峽祖師廟、大甲鎮瀾宮、艋舺龍山寺、公東高工、林本源園邸、霧峰林家宮保第園區、典藏創意美術資源流通平臺、維基百科等相關網頁及資料助益頗多。

　　最後謝謝交通大學張基義教授特別為我寫序，藝術家出版社主編、編輯們耗費心力，力促這本融合藝術專業與庶民美感的書籍成形，更讓我銘記於心。

林建成